Ursula Henn

Entspannte Kinder – fit fürs Leben

HERDER / SPEKTRUM

Band 4750

Das Buch

Kinder brauchen heute dringend Möglichkeiten und Fähigkeiten zur Entspannung und zum Kräftesammeln „zwischendurch". Anders sind sie den Anforderungen des Lebens, der Unruhe, der Hektik und dem Streß nicht mehr gewachsen. Viele Kinder fühlen sich darum auch in vielen Bereichen überfordert, sind übermüdet, schlafen schlecht, bekommen immer wieder Bauchweh, sind unkonzentriert, übertrieben ängstlich, haben Kopfschmerzen und zeigen auffallend wenig kindgemäße Lebensfreude. Die in diesem Buch zusammengestellten Phantasiereisen, Geschichten und Übungen können auch von in diesen Dingen ungeübten Eltern problemlos angewandt werden. Gehirn und Nervensystem registrieren diese als reale Situation und reagieren mit Entspannung ... Die bewußte Hinwendung zur Entspannung ist eine große Bereicherung für die ganze Familie. Die Leistungen der Kinder verbessern sich erheblich. Das Innenleben sowohl bei Kindern als auch bei Eltern verändert sich grundlegend. Sie finden ihren eigenen Rhythmus, und das ganze Familienleben wird streßfreier und harmonischer. Kinder wie Eltern fühlen sich nach kurzer Zeit regelmäßigen Übens dem Leben weitaus besser gewachsen.

Die Autorin

Ursula Henn (Jahrgang 1952), Entspannungstherapeutin (u. a. Lernförderung, Integration verhaltensauffälliger Kinder und Jugendlicher). Ausbildung in NLP. Langjährige Tätigkeit für kirchliche und kulturelle Träger, Kindergärten/-heime, sowie Schulen und in eigener Praxis, auf dem Konzept dieses Buches basierend.
Fernseh- und Rundfunksendungen machten sie auch überregional bekannt.

Ursula Henn

Entspannte Kinder – fit fürs Leben

Phantasiereisen, Geschichten und Übungen zum Ruhigwerden

Herder
Freiburg · Basel · Wien

Gedruckt auf umweltfreundlichem,
chlorfrei gebleichtem Papier

Originalausgabe

Herstellung: Freiburger Graphische Betriebe 1999
Umschlaggestaltung: Joseph Pölzelbauer
Umschlagmotiv: © Hartmut W. Schmidt Fotografie
ISBN 3-451-04750-0

Inhalt

Vorwort

Wie ist das Buch entstanden?

Im Laufe meiner langjährigen Arbeit als Entspannungstherapeutin und Mutter ist mir klar geworden, wie dringend nötig die Möglichkeit und Fähigkeit zur Entspannung und zum Kräftesammeln „zwischendurch" in der heutigen Gesellschaft geworden ist. Viele Menschen – zunehmend Kinder – fühlen sich „überfordert", sind den Anforderungen unserer schnelllebigen Leistungsgesellschaft nicht gewachsen. Um es einmal mit dem alten Spruch: ***„Früh übt sich, wer ein Meister werden will"*** zu formulieren – wer sich entspannen kann, in allen Lebenslagen, wird zum **Meister,** zuerst einmal **über den Streß,** der ansonsten uns und unsere Kinder zu beherrschen droht.

Ein *entspannungserfahrener* Mensch ist in der Lage, *blitzschnell,* wie mit einem Kippschalter aus der *Streßphase auszusteigen,* – sie erst gar nicht aufkommen zu lassen.

Ein besonders erfreuliches und deutliches Beispiel kann ich von unserer Tochter berichten, damals ca. *6 Jahre* alt: Wir waren *beim Zahnarzt,* um ihr zwei Milchzähne ziehen zu lassen. Vorher erwähnte ich beiläufig, sie könne ja bei Bedarf ihre Lieblingsübung anwenden. Nachdem der Arzt – auf ihren Wunsch ohne Spritze – den ersten Zahn gezogen hatte, sagte er: „Dann kommst du mit der Mama in den nächsten Tagen, damit wir den zweiten Zahn auch noch ziehen." Ein entrüstetes: „Wie, den willst du jetzt noch drinlassen" folgte ihrerseits. Er zog auch den zweiten Zahn. Das Kind strahlte mit blutverschmiertem Mund den verdutzten Zahnarzt an. Auf die Bemerkung, so etwas sei ihm in seiner langjährigen Praxis noch nie vorgekommen, *was sie denn täte, um so locker zu sein,* antwortete sie dem verblüfften Mann: „Ich mach' so was wie autogenes Training, meine Lieblingsübung, dann merk ich das gar nicht."

Heute, mit 9 Jahren, bereitet sie sich z. B. mit Übungen wie „Kopftrommeln" oder „Die Klassenarbeit" auf den Unterricht vor (Serie „Fit in 5 Minuten"). Nach dem Unterricht, wenn sie k.o. ist, entspannt sie mal eben mit „Loslassen" (gleiche Serie), um für die Hausarbeiten fit zu sein.

In **„Entspannte Kinder – fit fürs Leben"** wird besonderer Wert auf die *Qualität der* einzelnen *Geschichten* und auf ihren *Nutzen fürs tägliche Leben* gelegt.

Das Buch mit seinen unterschiedlichen Geschichten ist entstanden aus meiner langjährigen Gruppenarbeit. Von Jahr zu Jahr wurde die Teilnehmerzahl größer. Nach mehreren **Rundfunk-** und **Fernsehsendungen** über meine Arbeit fiel die Entscheidung, das Buch **Eltern und Erziehern/innen** *zur freudvollen Benutzung* in die Hand zu geben.

Viele Störungen, die mir vorgetragen werden, haben ihre Ursache im seelisch-körperlichen (psychosomatischen) Bereich. Die Geschichten, wie sie in **„Entspannte Kinder – fit fürs Leben"** zu finden sind, bieten Erholung, Entlastung für das vegetative Nervensystem.

Konzentrations- und Aufmerksamkeitsstörungen, Ein- und Durchschlafstörungen verbessern sich drastisch, verschwinden sogar ganz.

Migränepatienten/innen (zunehmend auch Schulkinder) wissen die Übungen sehr zu schätzen, weil sie besonders gut auf die hier angebotenen Entspannungen reagieren.

Besondere Aufmerksamkeit gilt der Anleitung unserer Kinder und Jugendlichen, *mit all ihren Nöten* und – immer häufiger – *ihrer inneren Zerrissenheit.* Lauter Straßenverkehr, Horrornachrichten, Arbeitslosigkeit, Familienstreit/Scheidung usw. führen zu deprimierenden Erlebnissen. *Leistungsdruck, Fernsehkonsum, Computerspiele,* in denen es oft um die Vernichtung imaginärer Feinde geht, fast schon ein „Muß", um in der Clique mitreden zu können, erledigen dann den Rest. **Selbständiges Denken, losgelöst von „Gruppenzwang", ist Ergebnis von *Entspannung.*** Darüber hinaus ist es eine große *Erfolgs- und Kraftquelle.*

Die Übungen fördern und verinnerlichen ***Selbstvertrauen,*** machen ***selbstbewußt.***

Ein solcher Mensch ist mit einem ***Selbstschutz*** gewappnet gegen die unzähligen Verlockungen der Konsumangebote, zu denen Experten vermehrt die ständig steigende Gefahr durch Drogen zählen.

Harmonisierung, Leistungs- und Konzentrationsförderung ist Ergebnis von Entspannung.

Schulstreß, heute in aller Munde, soll und muß von Eltern und Pädagogen ernst genommen werden, leider ist dies noch nicht der Alltag.

Danke *meiner Familie,* die immer wieder mit konstruktiver Kritik für meine Arbeit offen war. Besonders unserer Tochter *Rebecca,* die mein Herz mit Freude und Sonnenschein erfüllt.

Danke **all den Menschen**, die im Laufe von über einem Jahrzehnt in meinen Gruppen waren und meine Arbeit durch ihren Erfolg belohnten.

Ich wünsche allen Leser/innen, Anwender/innen viel Freude und Erfolg beim Lesen und Erleben.

Welche Zielgruppe spricht „Entspannte Kinder – fit fürs Leben" besonders an?

Eltern und Erzieher. Die Entspannungsgeschichten sind aufgrund meiner langjährigen Erfahrung dem Alter entsprechend gestaffelt. Die Altersangaben stehen zu Beginn jeder Übung. Ein Teil der Übungen ist ca. ab dem 5. Lebensjahr einsetzbar, also vor Eintritt in die Grundschule als optimale Vorbereitung für den neuen Lebensabschnitt. Die Altersangaben können nach persönlicher Einschätzung unterschritten werden. Nach „oben" sind sie völlig offen. Hier entscheidet der Geschmack oder der Bedarf an einer Übung über die Anwendung.

Einleitung

Wofür sind die Entspannungen gut? „Früher hatten wir so etwas nicht nötig ...", hat wahrscheinlich jede(r) Entspannungstherapeut/in schon zu hören bekommen. Aber „früher" gab es auch vieles nicht, was heute unter dem Begriff „Streßfaktoren" zusammengefaßt ist.

In vielen Familien hat der Fernsehapparat das abendliche Gespräch oder Spiel bereits ins Abseits gedrängt. Krimi, Horror, Live action mit Rettungsaktionen, Horrornachrichten von Kindsmord und Kriegen prägen das (abendliche) Familienleben. „Früher" las die Mutter oder Oma am Bett des Kindes Märchen, die den Tagesausklang bildeten, Geborgenheit gaben; heute ist dies eher die Ausnahme. Selbst viele der „harmlosen" Trickfilme, von den meisten Kindern heißgeliebt, sollten einmal bewußt angeschaut werden. Zum „Vergnügen" werden Figuren z. B. mit einem großen Hammer in Briefmarkenformat eingestampft, oder bekommen eine Bratpfanne frontal ins Gesicht geschlagen. Da bleibt dem sensiblen Betrachter die Spucke im Halse stecken. Vom Tempo der meisten dieser Darbietungen einmal ganz abgesehen.

In vielen Familien ist Streit, oft wegen finanzieller Dinge, an der Tagesordnung. Themen wie Scheidung oder Trennung (drohende) Arbeitslosigkeit fördern Unsicherheit und (Zukunfts-) Ängste. Fragen der Kinder an die völlig verdutzten Eltern, wie zum Beispiel: „Du, Mama, lassen Papa und du euch auch scheiden? Die Eltern vom XY und der YZ sind auch geschieden." oder: „Papa, wir haben doch viel Geld und ein großes Haus, laß uns doch ein Kind aus Afrika oder Indien holen, die Kinder verhungern sonst in ihrer Heimat." All diese Informationen und Erlebnisse sind von den Kindern nur sehr schwer zu verarbeiten. Einschlaf- und Durchschlafprobleme sind oft Folge emotionaler Überbelastung. Häufig werden diese Kinder sogar als Simulanten bezeichnet, weil „Seelenschmerzen" nicht meßbar, oder auf andere Art beweisbar sind. Viele Eltern reagieren mit Unverständnis oder gar Zorn, wenn ihre Sprößlinge immer dann, wenn sie zur Schule müssen, „plötzlich" über Bauch- oder Kopfweh klagen. Während all der Jahre, in denen ich mit Kindern arbeite, haben sich diese Störungen meist in wenigen Wochen aufgelöst. Sogenannte „verhaltensauffällige" Kinder sind in den meisten Fällen nach einiger Zeit der Eingewöhnung bereit, sich auf die Entspannung einzulassen.

Ich kann aber auch berichten, daß es Kinder gibt, die beispielsweise auf bestimmte Nahrungsmittel reagieren (oft unerkannt). In solchen Fällen ist allein mit der Entspannung nichts zu erreichen, da diese Kinder zum Teil extreme Probleme haben, still zu liegen, auch durch lautes oder aggressives Verhalten imponieren, möglicherweise schon den Stempel „hyperaktiv" aufgedrückt bekommen haben. Sie gelten als Klassenschreck und können ungeübten Gruppenleitern eine ganze Entspannungsgruppe „platzen" lassen.

Allen mit solchen Kindern konfrontierten Erwachsenen, sei es als Elternteil oder pädagogisch tätiger Mensch, ist angeraten, dies als therapierbares und vor allem therapiebedürftiges Problem zu sehen. In Anbetracht der Tatsache, daß etlichen dieser bedauernswerten Kinder bereits starke Medikamente verordnet werden, um sie ruhigzustellen, sei auf die außergewöhnliche Wirkung der ***klassischen*** Homöopathie hingewiesen.

Viele dieser Kinder haben weitere „Auffälligkeiten":

Konzentrationsstörungen (bei meist sogar überdurchschnittlicher Intelligenz), ***Streitlust, Ungehorsam*** (Sanktionen, Strafen sind wirkungslos), ***Bettnässen, Alpträume, Angst alleine zu schlafen, Störungen im Wärmehaushalt*** (z. B. im Winter mit T-Shirt, sogar barfuß nach draußen gehen, wenn die Eltern nicht ständig dahinter sind), ***auffallende, fast durchscheinend wirkende Blässe.***

Die Liste der Auffälligkeiten ist noch lang, aber an dieser Stelle zu weit reichend.

Der Gegenpol: das scheue, verschlossene Kind

Diese Kinder weisen einen deutlichen Mangel an Selbstbewußtsein auf. Obwohl sie die Antwort wissen, trauen sie sich nicht, aufzuzeigen, um zu antworten („nur nichts Falsches sagen ...").

Hier berichten Eltern und Lehrer nach kurzer Zeit, die Kinder seien offener, selbstbewußter – bereits nach wenigen Wochen, in denen sie die Übungen regelmäßig hören, z. B. durch vorlesende Eltern oder Lehrer, die während des Unterrichtes damit arbeiten; siehe Entspannungsserie **„Fit in 5 Minuten"**, zum speziellen Einsatz im Unterricht entwickelt, jedoch auch im Privatbereich bereits bestens bewährt.

Die Hinwendung zur Entspannung ist immer eine Bereicherung für das Innenleben, dient der Motivation und Konzentrationsförderung, die Kinder werden freudvoller, finden ihren eigenen, inneren Rhythmus.

Eine Frage an Sie: Spüren Sie noch, wann es Zeit ist, eine Pause einzulegen, bei Ihrer Arbeit? Einfach ein paar ruhige Atemzüge lang von der Schreibmaschine aufzuschauen, den im goldenen Licht eines Sonnenstrahls tanzenden Staubkörnchen träumend nachzusinnen? Innezuhalten beim Anblick einer voll erblühten Rose und ihren köstlichen Duft in sich aufzusaugen. In welch täglichem Trott sind denn die meisten Menschen – und das bereits, wenn sie Ihren ersten Schritt in eine Schule gesetzt haben.

Daß es auch anders geht, erlebe ich in meinen Gruppen immer mit großer Freude.

Wie und wo sollte die Entspannung stattfinden?

Wenn Sie eine Entspannung mit Ihren Kindern durchführen wollen, beginnen Sie einfach bei sich. Sehr gut geeignet sind die Übungen **„loslassen“** aus der Kurzentspannungsserie **„Fit in 5 Minuten“.**

Sie machen zum erstenmal eine Übung mit Kindern?

Bleiben Sie ruhig und gelassen, auch bei unerwarteten Schwierigkeiten während der Durchführung. Möglicherweise versucht das/die Kind(er), Ihre Bemühungen zu sabotieren. Fängt an zu kichern, zieht dann andere nach. Besonders wenn die Kinder zum erstenmal entspannen reagieren sie manchmal so, um eine anfängliche Verlegenheit zu übertönen.

Strahlen Sie Ruhe aus, so wird es von den Kindern antennengleich wahrgenommen. Wenn Sie beginnen, sollten Sie über genügend Zeit verfügen. Bedenken Sie: Die Zeit nach der Entspannung bringt ebenso ihre Wirkung.

Die Umgebung wird so gut wie möglich gegen Störungen von außen abgesichert (Telefon, Schelle, ein Schild: RUHE bitte! tut auch einiges). Geräusche vorbeifahrender Autos z. B. können wunderbar in den Text eingefügt werden. (Das Brummen des/r Autos läßt dich immer tiefer in die Entspannung gleiten … oder: Stelle dir vor, das Motorgeräusch gehört dem Raumschiff, mit dem du allmählich in die Entspannung düst, immer weiter und tiefer ..., wobei der Tonfall natürlich dem Kontext entsprechen sollte!)

Wenn die Möglichkeit besteht, unbedingt für gedämpftes Licht sorgen. Bereitgehaltene Halstücher aus Seide oder Baumwolle, alte Krawatten aus nichtkratzendem Material sorgen für nötige Abdunklung. Viele Entspannungssuchende kommen ohne Augenabdeckung hervorragend klar. Sie werden diese Eigenarten bald herausgefunden haben.

In welcher Lage soll die Entspannung durchgeführt werden?

Bitte kein Dogma!
Optimal ist die Rückenlage, aber es gibt immer wieder Teilnehmer/innen, die „unbedingt" auf dem Bauch liegen wollen – oder auf der Seite – Sie sollten nachgeben, allerdings mit einer ***Bedingung:*** Wenn Ihr Kind die Lage ausgesucht hat, wird diese für die gesamte Übung beibehalten. Sagen Sie dennoch am Anfang: „Lege dich bitte auf den Rücken, damit du auch so richtig alle Muskeln entspannen kannst ..." (manchmal hängt an den kleinen Dingen des Lebens die „Glückseligkeit").

In Fällen, in denen die Übung sitzend durchgeführt wird, sollte jeder sich entscheiden, ob der Kopf herunterhängt (Kutscherhaltung) oder der gesamte Oberkörper auf der Tischplatte ruht, der Kopf auf den Armen.

Wie soll gesprochen, vorgetragen werden?

Achten Sie darauf, daß Sie mit ruhiger, in ihrer Lautstärke gemäßigter Stimme sprechen. Am besten gelingt dies, wenn Sie die Geschichte bereits ein wenig kennen. Versuchen Sie während des Vortrags, sich die Geschichte vorzustellen. Wenn Sie selbst über Bilder erleben, können diese auch **Tempogeber** für Sie sein.

Pausen im Text sind mit ... dargestellt. Je Punkt einmal normal Ein- und Ausatmen ist ein gutes Zeitmaß.

Einen besonders wichtigen Hinweis möchte ich Frauen ans Herz legen: Vermeiden Sie honigsüßes Gesäusel, sonst können Sie mit entsprechenden Kommentaren rechnen, oder die Entspannung klappt nicht – Kinder haben ein feines Gespür für „falsche Töne".

Wann soll eine Entspannung erfolgen?

Die Antwort erscheint simpel: wann immer Sie das Gefühl bekommen, sie wäre angebracht – oder in besonderen Situationen, z. B. vor Klassenarbeiten (Empfehlung: die Übungen „nur Mut ..."). Besonders empfänglich sind Kinder für „Gute Nacht Geschichten" ... als Abschluß eines anstrengenden Tages, als liebevolles Einschlafritual, an das sie sich noch als Erwachsene gerne erinnern. Viele Mütter, mit denen ich gesprochen habe, erklärten mir, sie hätten immer das Gefühl, ihren Kindern etwas schuldig zu sein. (Besonders häufig Frauen, die berufstätig sind, auch wenn es nur um Teilzeitarbeit geht.)

Die Empfehlung des „Einschlafrituals" wirkt fast immer äußerst positiv auf das Mutter-Kind-Verhältnis oder, um es einmal beim Namen zu nennen, auch auf das Vater-Kind-Verhältnis, denn hier ist „kneifen" schon als peinlich zu bezeichnen. Außerdem, liebe Papas: Übung macht auch hier den Meister! und: Aller Anfang macht Spaß! – ... wetten daß?

Selbst Gefühlsmuffel haben die Möglichkeit, sich einmal liebevoll an ihre Kinder zu wenden. Wahrscheinlich sind sie anschließend von ihrem Erfolg überrascht.

Ach, noch etwas: Bitte immer nur eine Geschichte vorlesen, denn nur dann kann sich der Erfolg einstellen (sonst ist es wieder das obligatorische Konsumieren).
Ausnahme: **Fit in 5 Minuten.**

Als Abschluß der Entspannung ist ein Gespräch über die verschiedenen Erfahrungen sehr hilfreich. Das „Feedback" entfällt natürlich, wenn die Geschichte als Einschlafritual erfolgreich war. Hier sollte gegebenenfalls am nächsten Tag hinterfragt werden. Bei jüngeren Schülern oder im

Kindergarten /Grundschule empfiehlt sich statt dessen, das Erlebte zu malen. (Ältere Kinder/Jugendliche kann man auch auffordern, ihr Erlebtes aufzuschreiben.) Beide Varianten führen zu einer Vertiefung des Erfahrenen. Wenn einzelne Kinder sich diesen Vorschlägen verschließen, akzeptieren Sie dies zunächst möglichst ohne Murren. Manche Kinder empfinden es als ihr spezielles „Geheimnis" und schwelgen im stillen. Wenn Sie sich des Vertrauens der Kinder sicher sind, können Sie möglicherweise erfragen, ob es ein schönes Geheimnis ist oder ob sich da jemand einfach nicht traut. Hier sollte ermutigt werden.

Achtung: Jede Übung soll mit einer Rücknahme enden. Besonders, wenn die Teilnehmer/innen tief entspannt sind, mehrmals wiederholen. Für mich war in all den Jahren der Satz: Nimm einen tiefen Atemzug, beginne dich zu recken und zu strecken, kehre nun wieder ganz in diesen Raum zurück./Du bist jetzt hellwach in diesem Raum. Eventuell den Satz „Ich bin hellwach" klar und deutlich wiederholen lassen.

Der kleine Luxus:

Sie können die Entspannung, sofern selbst gesprochen, auch mit entsprechender Musik unterlegen. Bestimmte Düfte – sehr sparsam angewandt! – wirken positiv. Die kuschelige Decke/Schlafsack und ein Kissen bei der liegend durchgeführten Entspannung. Eine Klangschale zu Beginn der Ruhephase leicht angeschlagen ist sehr angenehm. Zum Ende der Ruhephase darf sie auch etwas kräftiger angeschlagen werden.

Baum, Vogel, Schlange

Entspannung und Yoga, auch getrennt anwendbar

Alter: ab ca. 5 Jahren
Dauer: je Übung ca. 8–10 Minuten
Ziel: Sich in andere Lebewesen, Lebensformen hineinfühlen. Eigene Fähigkeiten schätzen lernen, die als „selbstverständlich" hingenommen werden.

Wichtig: Die Anleitungen zu den Yoga Übungen bitte vorher gründlich durchlesen. Vorher ausprobieren mit den Kindern.
Obwohl sie eine große Bereicherung darstellen, können die Yogaübungen bei Zeitmangel mitunter ausgelassen werden. Sie sind bei den Kindern sehr beliebt.

Die Übung: Sei ein Baum

anschließend: Der Baum (Yoga)

Du machst deine Augen zu. Du legst dich ganz bequem hin, bleibst aber dann auch so liegen. Richte deine Aufmerksamkeit ganz auf deinen Atem …

Vielleicht hast du schon gemerkt, daß dein Atem entscheidet, ob du ruhig bist, oder kribbelig … Wenn du ruhig atmest, … immer ruhiger atmest, … wirst du selbst auch immer ruhiger … Dein Atem ist ein Schlüssel, ein Schlüssel zum Ruhigwerden … Spüre, wie dein Körper schwer und fest auf der Unterlage liegt …

Und jetzt denke dir einmal, du bist ein Baum … Schaue

einmal, was für ein Baum du bist, vielleicht bist du ein kleiner, blühender Apfelbaum in einem Garten ... Vielleicht ein alter knorriger Baum, mitten im Wald ... Vielleicht eine zarte, weiße Birke, auf einer bunten Blumenwiese, oder eine Kiefer in der Nähe des Meeres ... Vielleicht bist du ein Obstbaum, der Früchte trägt, oder irgend ein anderer ... *30 Sekunden*

Fühle einmal, wie es sich anfühlt, Wurzeln zu haben, wo jetzt deine Füße sind ... Wurzeln zu haben, die sich tief und kraftvoll in die Erde strecken ... Dann spüre dorthin, wo sonst dein Körper ist, dein Bauch ... und dein Rücken. Dort ist dein Stamm, mit seiner Rinde ... Spüre in dich hinein, wie es sich anfühlt, so eine Rinde zu haben. Schaue einmal, was für eine Rinde du hast: die zarte, weiße Rinde einer Birke? ... Die harte, knorrige, zerfurchte Rinde einer Eiche? Wie fühlt es sich an? ... *30 Sekunden*

Der Kopf ist die Krone des Baumes, mit Ästen, Zweigen und Blättern ... Vielleicht sind dort auch Früchte? ... Gibt es jemanden, der dich dort besucht? Tiere, Menschen? ... Vielleicht kommt der Regen und erfrischt dich. ... Welche Jahreszeit ist gerade? Scheint die Sonne auf deine Blätter? Weht der Wind? ...

Spüre noch einen Augenblick in dich hinein, wie es sich anfühlt, ein Baum zu sein ... *30 Sekunden*

Jetzt erinnere dich und fühle, wie du sonst mit Bäumen umgehst.

Dann kehre wieder zu deiner normalen Gestalt zurück.

Du hast wieder deine Beine und Füße, deinen Bauch und deinen Po, deine Arme und deinen Kopf. Du kannst jederzeit, wann immer du es magst, dich erinnern, wie es ist, ein Baum zu sein.

Jetzt überlege einen Augenblick lang, ob es irgend etwas gibt, was du in Zukunft anders machst, wenn du einen Baum siehst, oder berührst?

Dann allmählich verabschiede dich, öffne deine Augen

entweder Abschlußformel oder weiter mit der Yoga-übung: der Baum

und mache jetzt die ***Baumübung,*** versuche ganz ruhig zu stehen.

Die Übung ist ***gut für die Konzentration*** und hilft dir, besser im ***Gleichgewicht*** zu sein. Innen und Außen.

- du stellst dich auf ein Bein, winkelst das andere an und legst den Fuß oberhalb des Knies auf das Bein, auf dem du gerade stehst. (Wenn du den Fuß noch höher legen kannst, um so besser ...)
- lege beide Handflächen wie zum Gebet vor der Brust zusammen
- nun laß die zusammengelegten Hände hochgleiten über den Kopf. Eine Weile so verharren.
- Seitenwechsel
- Wiederholung etwa 3 x
- kleine Ruhepause, ein paar Minuten nachklingen lassen.

Dieser Teil kann so für sich allein stehen, oder

Die Übung: Sei ein Vogel,
anschließend: Vogelübung (Yoga)

(Dann) lege dich (wieder) hin, schließe deine Augen ... Du kannst auch merken, daß du mit deinem Atem wieder ruhiger werden kannst ... Laß deinen Atem wieder so fließen, daß du ganz ruhig wirst ... Dein Atem fließt immer ruhiger ... und ruhiger ...

Jetzt denke dir einmal, du bist ein Vogel ... Schaue dir die Landschaft an, unter dir. Bist du am Meer, oder in den Bergen? ... Was für ein Vogel bist du? Ein großer oder ein kleiner Vogel? ... Dann fliege immer weiter, so hoch, daß du die wärmenden Strahlen der Sonne spürst ... Sieh dir die Landschaft noch einmal an ... Vielleicht magst du auch landen, an einem Platz, der dir gefällt ... Ist noch jemand in deiner Nähe? Ein Tier, oder ein Mensch?

Wie fühlt es sich an, diese Flügel zu haben, wo sonst deine Arme sind ... Federn zu haben, wo sonst deine Haut ist, ... einen Schnabel zu haben, wo deine Nase und dein Mund sind, ... Augen zu haben, die ganz anders sehen, als deine Menschenaugen ... Dort, wo deine Füße sind mit den Zehen, hast du jetzt die dünnen Vogelbeine mit den Krallen, die sich an Ästen und Zweigen festhalten ...

Schaue dir alles genau an und fühle, wie es sich anfühlt ...

Jetzt kehre zu deiner normalen Gestalt zurück. Spüre deine Beine mit den Füßen. Deine Arme, Hände und Finger. Spüre deine Haut, deine Nase und deinen Mund. Dann überlege einmal, ob es etwas gibt, was du anders machen wirst, wenn du einen Vogel siehst ...

Nimm einen tiefen Atemzug, recke und strecke dich, schweigend setze dich hin und *laß den kleinen Vogel fliegen,* so wie wir es eben geübt haben ... Bleib auf deinem Platz und laß ihn fliegen, er kann schnell fliegen und langsam fliegen – wohin geht die Reise?

Folgende Übung macht Mut und kräftigt die Muskulatur von Beinen, Rücken und Becken. Achtung: Enge Jeans machen eine korrekte Durchführung der Übung unmöglich. Wenn machbar, vorher auf bequeme Kleidung hinweisen.

Anleitung: Der Vogel

- Du sitzt mit angewinkelten Beinen auf der Erde, die Fußsohlen aneinandergelegt.
- nun umfaßt du mit beiden Händen deine Füße, – die Beine dürfen auch noch etwas mit den Händen zum Körper gezogen werden.

- dein Rücken ist jetzt schön aufrecht.
- nun kann der Vogel fliegen, indem du die Knie zum Boden drückst und wieder hochkommen läßt. Auf und nieder … laß den Vogel fliegen, so, wie wir es eben geübt haben … er kann schnell fliegen … und langsam fliegen – wohin geht die Reise?
- kleine Ruhephase, ein paar Minuten die Übung nachklingen lassen …

oder

Die Übung: Sei eine Schlange

anschließend: Die Kobra (Yoga)

Lege dich (wieder) hin. Laß deinen Atem ganz ruhig werden, … so ruhig, daß dein Körper mit jedem Ausatmen ganz schwer wird … Dein Körper wird ganz ruhig und entspannt.

Stelle dir jetzt vor, du veränderst (noch einmal) deine Gestalt.

Dort, wo Arme und Beine sind, gibt es von unten bis oben oder von oben bis unten nur eins. Du bist eine Schlange ... Wenn du dich fortbewegen willst, mußt du kriechen, in S-förmigen, sich windenden Bewegungen, ... wie ein „S", das sich fortbewegt. Behende und lautlos. Du kannst schwimmen, denn Schlangen können sehr gut schwimmen.

Wie fühlt es sich an, eine Schlange zu sein? ... Deine Zunge dient dir, um dich fortzutasten und deine Nahrung aufzunehmen, blitzschnell. Was für eine Schlange bist du? Eine kleine Schlange ... oder eine große? ... Bist du eine Ringelnatter, oder Boa Constrictor, ... eine Brillenschlange, eine kleine giftige Viper, ... eine Klapperschlange oder bist du eine Kobra? ... Hat deine Haut Streifen oder Zacken? ... Bist du grün oder braun von deiner Farbe? ... Wo lebst du? ... Ist der Boden sandig, wo du lebst? Oder lebst du mehr im Wasscr? Ist es dort felsig oder eher grün? Wer sind deine Freunde? Gibt es Feinde?

Kehre nun zu deiner normalen Gestalt zurück. Du spürst deine Füße, deine Beine, deine Arme, deine Haut. Spüre noch einmal und erinnere dich, wie dein Gefühl für Schlangen ist, in Zukunft. Gibt es irgend etwas, was du anders tun wirst, wenn du eine Schlange siehst ...

Recke und strecke dich, nimm einen tiefen Atemzug, öffne deine Augen.

Jetzt mach einmal die Übung: die Kobra (Yoga).

Diese Übung kräftigt das Nervensystem, entspannt die Wirbelsäule, Haltungsfehler werden korrigiert, die Atemkapazität wird erhöht, Kreislauf und Lymphsystem positiv beeinflußt. (Achtung nur bei häufiger Anwendung, wenn Schilddrüsenüberfunktion vorliegt.)

Anleitung: Die Kobra

- Du liegst auf dem Bauch, die Hände nah bei den Schultern, die Handflächen auf dem Boden, die angewinkelten Arme hochgestellt. (Nach einiger Übungszeit können die Arme auf dem Rücken gefaltet werden.)
- währenddessen du durch die Nase einatmest, hebst du den Oberkörper langsam hoch (ohne Einsatz der Arme)
- eine Weile die Spannung halten,
- währenddessen du durch die Nase ausatmest, senkst du langsam den Oberkörper, die Arme gleiten neben den Körper. Die Kobra ruht einige Atemzüge, liegt flach auf dem Bauch
  noch ca. 2 x wiederholen.
- Ruhepause, s.o.

Für die jüngeren Kinder (5–8 Jahre)
„Und nun machen wir ein Schlangenwettrennen."

Die Hände bleiben auf dem Rücken, achte darauf, daß du niemanden dabei berührst. **Tip:** In langen, schmalen Räumen können sich die „Wettkriecher" auch in zwei Gruppen entgegenkommen, zur Mitte hin.

Meine Empfehlung:
Für alle Altersgruppen – ein Gespräch: „Was wirst du in Zukunft anders tun, wenn du ... (einen Baum berührst, einen Vogel siehst, anfaßt, eine Schlange dir über den Weg kriecht“ ... letztere Frage einem Stadtkind zu stellen wäre grotesk, also, Obacht!)

Gesprächs-Auszüge aus einer Gruppe von 5–9jährigen Kindern:

Fabian, 6 Jahre: Ich breche nicht mehr die Äste vom Baum ab.

Janosch, 6 Jahre: Ich baue mir kein Baumhaus mehr, wegen der Nägel ... (Vorschlag von außen: Das geht ja auch mit Kordeln ...)

Simone, 6 Jahre: Ich werde die Vögel nicht mehr verscheuchen.

Alexander, 7 Jahre: Ich werde keine Vögel mehr fangen und in Kisten stecken.

Michael, 7 Jahre: Ich werde kein Vogelfutter mehr auf den Boden streuen, denn dann können die Nachbarkatzen sie sonst fangen.

Fabian, 6 Jahre: Ich will keine Vogelnester mehr kaputtmachen und ärgere die Schlangen nicht mehr.

Dein Freund der Delphin

Alter: ab ca. 5 Jahren
Dauer: ca. 10 Minuten
Ziel: Entspannen, wohl fühlen, erfrischen.

Die Übung:

Machs dir bequem auf deinem Platz ... Spüre deinen Atem, wie er ein ... und aus ... geht, ein ... und aus ... Mit jedem Ausatmen entspannst du immer mehr ... Stelle dir vor, du hast Ferien ... Unter deinen Füßen fühlst du warmen, weichen Sand. Hörst du schon das Rauschen des Meeres? ... Es ist so ruhig und gleichmäßig, wie dein Atem ... *30 Sekunden*

Sieh nur, dort gleitet ein Delphin durchs seichte Wasser, macht fröhliche Sprünge ... Wie magisch fühlst du dich angezogen. Langsam gehst du ins warme, türkisblaue Wasser. Es ist so klar, daß du deine Zehen auf dem sandigen Grund sehen kannst ... Verspielt gleitet der Delphin immer näher durchs Wasser zu dir herüber ... Ganz kurz, wie zufällig berührt er mit seinem Kopf dein Bein, irgendwie hast du das Gefühl, er will dir etwas mitteilen ... Ob er mit dir spielen will? Diesmal stupst der Delphin seine Nase in deine Seite. Du kicherst, weil du da kitzelig bist. Immer deutlicher spürst du: „Komm, spiel mit mir ..."– und weißt, Delphine sind schlaue und friedliche Lebewesen ... Sie sind Säugetiere und bringen lebende Junge zur Welt ... Es gibt alte und sogar neue Geschichten, in denen berichtet wird, daß Delphine Menschen vor dem Ertrinken retten. Sie sind uns Menschen freundlich gesinnt und sehr verspielt.

Vorsichtig streckst du deine Hand aus, um ihn zu berühren, den zutraulichen Witzbold an deiner Seite. Wie fühlt er sich an? Ist er warm ... oder kalt?

Du beginnst mit ihm herumzutollen, wirfst ihm den bunten Ball zu, den du mit ins Wasser genommen hast ... Ein quiekendes Geräusch gibt er von sich und du bekommst den Ball erneut ...

Mit einem Mal scheint dein Freund keine Lust mehr zu haben, an eurem Ballspiel. Er schwimmt jetzt ganz nah heran. Du begreifst, was er vorhat – will dich doch tatsächlich auf seinen Rücken nehmen! Du hältst dich an der Rückenflosse fest und holla, los geht's ... Rasch, aber in **dir angenehmem Tempo** gleitet ihr durchs Wasser ... Manchmal macht er mit dir kleine Sprünge, vor Freude, um dann wieder übermütig ins Wasser zu platschen ... *30 Sekunden*

Eure Reise wird allmählich langsamer. Ihr schwimmt wieder zum Strand ... Dort setzt er dich ab. Du stehst wieder auf dem sandigen Grund ... Noch einmal stupst er dich an, als ob er „Tschüß, mein kleiner Menschenfreund" sagen wolle. Du bedankst dich bei deinem neuen Freund und verabschiedest dich von ihm ... *30 Sekunden*

Nimm einen tiefen Atemzug, kehre zurück in diesen Raum, recke und strecke dich wie ein Kätzchen am Morgen. Öffne deine Augen, du bist hellwach in diesem Raum.

Dein Freund das Pferd

Alter: ab ca. 5 Jahren (Vorschulstufe) und Grundschulalter
Dauer: ca. 8 Minuten
Ziel: Weg von der Glotze, eigenen Bildern Raum geben, sie zu schätzen lernen.

Die Übung:

Du liegst (sitzt) auf deinem Platz, wirst mit jedem Ausatmen immer entspannter. Stelle dir vor, du verläßt diesen Raum. Spüre, daß der Boden unter dir sich verändert … sandiger Heideboden … Dort hinten am Waldrand eine Herde wilder Pferde … Der Himmel spannt sich blau und weit über dir … vielleicht magst du einmal näher gehen? – Vorsichtig näherst du dich der Herde …

Eines der Pferde steht ein wenig abseits, so, als hätte es geradewegs auf dich gewartet. Als du näher herangehst, nimmst du seinen Geruch wahr, den typischen Pferdegeruch … Behutsam streckst du deine Hand aus und hältst sie dem Pferd unter die Nüstern … Mit seiner weichen, samtigen Nase berührt es deine Hand. Warm und weich fühlt sich die Nase an … Du spürst den Lufthauch, der aus den Nüstern herausströmt – den Nasenlöchern. Langsam beginnst du, den Kopf des Pferdes zu streicheln … seine Mähne. Siehst, wie seine Ohren spielen … Ruhig steht es da – und, als wolle es dich auffordern, stößt es behutsam mit seiner Nase unter deine Achselhöhle, unter deinen Arm.

Schon steigst du auf den Rücken des Pferdes. Es hat genau die richtige Größe für dich und los geht es, in munterem, für dich angenehmen Tempo ... Heißa! Alles läuft an dir vorbei. Die Wiese, die Blumen ... Du hältst dich fest an der Mähne und spürst den warmen, sicheren Pferderücken unter dir ... Hast wohl einen neuen Freund gefunden! Über Stock und Steine geht es ... *30 Sekunden*

Allmählich nähert ihr euch wieder der Herde, kommt zu der Stelle zurück, an der du dein Pferd zum erstenmal gesehen hast, den Platz, von dem aus ihr losgeritten seid ... Alle seine Freunde und Geschwister stehen noch dort und scheinen geradewegs auf ihn zu warten, deinen Freund. Du rutschst herunter, vom Rücken des Pferdes, klopfst ihm freundschaftlich die Flanke ... Noch einmal stupst er sanft mit seiner Nase an deinen Oberarm ... Als ob er grinsen wolle, dein Freund, zeigt er kurz seine Zähne, um ein kleines, fröhliches Wiehern von sich zu geben und dann, wie auf ein geheimes Kommando, mit der ganzen Herde blitzschnell davonzujagen.

Du schaust ihnen nach und bist ganz sicher: Eines Tages werdet ihr euch wiedersehen, dort an diesem Platz. Mit dem schönen Gefühl, einen neuen Freund gewonnen zu haben, kehrst du wieder zurück in diesen Raum, spürst alles um dich herum, die Stimmung dieses Raumes. Vielleicht hast du gar noch den Geruch des Pferdes in der Nase, erinnerst dich an seine weichen Nüstern. Verabschiedest dich von all den schönen Bildern. Beginnst dich zu recken und zu strecken wie ein Kätzchen am Morgen und öffnest langsam deine Augen. Du bist hellwach, vollkommen entspannt und fühlst dich sehr wohl.

Riese und Zwerg

auch einzeln anwendbar

Alter: ab ca. 5 Jahren
Ziel: *(siehe Text)*
Dauer: je Übung ca. 5 Minuten
Häufig fühlen sich Kinder wegen ihrer geringeren Körpergröße gegenüber Erwachsenen unterlegen. Aggressives Drohgehabe ist oft Konsequenz von Gefühlen der Hilflosigkeit.

*Die beiden Übungen vermitteln einen **Eindruck von** den **Stärken und Schwächen** der **jeweiligen Möglichkeit, öffnen einen besseren Kontakt zum eigenen Körper,** schaffen **Selbstwertgefühl.***

Die Übung: Riese

Spüre deinen Atem, wie er ein und aus geht. Du kannst vielleicht schon wahrnehmen, ... spüren, daß du mit jedem Ausatmen noch mehr loslassen kannst ... Ganz wie von selbst geht dein Atem, ein ... und aus ... ein ... und aus ...

Stelle dir nun vor, du wirst immer größer ... und größer ... noch größer, ... bis du schließlich so groß bist wie ein Riese. Wie fühlt es sich an, so groß zu sein? ... Deine Füße sind riesengroß, deine Beine, spüre deine großen Arme und Hände, ... deinen großen Kopf. Schaue dich um: Wie sehen alle anderen aus um dich herum? Die Menschen und die Tiere, sieh sie dir an ...

Dann sieh dir deine Freunde an und die Menschen, die dir wichtig sind ... Was ist es für ein Gefühl, auf einmal so groß zu sein und alle Menschen, die dir wichtig sind, bleiben, wie sie waren. Achte auch einmal auf die Menschen, die du weniger magst ... Welche Gedanken gehen durch deinen Kopf? ...

Welche Dinge kannst du tun, die du vorher nicht tun konntest? ... Was kannst du nicht mehr tun, als Riese? ...

Dann spüre, wie du langsam zu deiner normalen Größe zurückkehrst, du wirst immer kleiner und kleiner ... bis du schließlich in deiner normalen Größe auf deinem Platz liegst. Dein Körper liegt schwer und entspannt auf dem Boden, der Unterlage ...

An dieser Stelle kann aufgehört werden.
Dann soll die Rückkehrformel gesprochen werden: Beginne dich zu recken und zu strecken, nimm einen tiefen Atemzug, du bist hellwach, vollkommen entspannt, öffne jetzt deine Augen

oder es geht weiter mit der Übung „der Zwerg“

Das Erlebte malen, aufschreiben oder erzählen lassen. Dies sollte in die Zeitplanung einbezogen werden.

Meine Erfahrung:
Hier sind es vor allem die jüngeren Kinder, die bevorzugt malen. (ca. 5–9 Jahre) Die Bilder anschließend gemeinsam betrachten und dann auch über die Erfahrungen sprechen.

Gezielt fragen:
Johannes, was gefällt dir denn besonders am Riese-Sein? Gibt es etwas Unangenehmes am Riese-Sein? etc.
Phillipp, 7 Jahre: „Mir hat der Riese besser gefallen … Weil man dann die Schule kaputtmachen kann … und als Zwerg muß man nicht in die Schule."
Michael, 7 Jahre: „Als Riese brauche ich überhaupt keine Angst mehr zu haben."

Die Übung: Zwerg

Richte deine Aufmerksamkeit (wieder) auf deinen Atem. Du wirst mit jedem Ausatmen immer schwerer …

Stelle dir jetzt vor, daß du (noch einmal) deinen Körper veränderst. Doch diesmal wirst du immer kleiner … und kleiner, ... noch viel kleiner ... so klein, daß du schließlich wie ein Däumling bist.

Spüre einmal, wie es sich anfühlt, diese winzig kleinen Füße, Beine und Arme zu haben, ... so winzige Hände und einen so klitzekleinen Kopf ... Schaue dich genau um, sieh dir alle die Menschen an, die dir wichtig sind ... spüre, wie es ist, wenn du so klein bist. Alle Menschen um dich herum, alle Pflanzen und Tiere sind in ihrer normalen Größe geblieben ... Was kannst du jetzt als Däumling alles tun? ... Gibt es etwas, das du nicht mehr tun kannst? ...

Dann löse dich wieder von all den Bildern und Gefühlen ... kehre zu deiner normalen Gestalt und Größe zurück. Du liegst jetzt auf deinem Platz, schwer und entspannt ...

Achtung, diesen Text nur vorlesen, wenn beide Teile durchgeführt wurden:
Nun spüre noch einmal einen winzigen Moment in die Erinnerung hinein, ein Riese zu sein ... erinnere dich an all das, was du tun kannst, als Riese ... und an all das, was du nicht tun kannst, als Riese ... Spüre für dich, was dir besser gefällt? ... Däumling oder Riese ? ... vielleicht beides? ... Oder möchtest du so bleiben, wie du bist? ... Laß die Bilder, Gedanken und Gefühle los. Du hast deine normale Gestalt, beginnst dich zu recken und zu strecken, öffnest deine Augen, bist hellwach, vollkommen entspannt in diesem Raum.

Feder – Vogel

Alter: ab ca. 5 Jahren
Dauer: je Übung ca. 5 Minuten
Ziel: (siehe: „Meine Erfahrung")

Meine Erfahrung:
Jüngere Kinder sehen/empfinden es als Spiel. Jugendliche sind hierfür oft besonders empfänglich, weil das Thema des Sich-treiben-lassens und des aktiven Handelns ja gerade in diesem Alter oft als Problem auftaucht (Suchtprävention).

Bitte beachten: *Manche Jugendliche finden solche Übungen „blöd" – meist aus Unsicherheit. Die Entwicklungsphase „nicht Fisch – nicht Fleisch" ist, wie die meisten Erwachsenen sich vielleicht erinnern, oft ja alles andere, als Zuckerschlecken. Der Hinweis: „Du kannst ja in deinem stillen Kämmerlein noch einmal versuchen, das nachzuvollziehen ..." tut fast immer seine Wirkung.*

Was tun nach der Entspannung?
Die Kinder/Kind sollen das Gesehene, Erlebte malen. Die Malsachen sind bereits vor Beginn der Entspannung ordentlich in „Position" gebracht, daß anschließend ohne Rascheln und Reden der Ausklang (Malen) begonnen werden kann. Zum Leisebleiben ermutigen.

Beispiel: *(Angebot an die Kinder/das Kind)*
... Vielleicht möchtest du den Vogel malen oder die Feder *oder* die Dinge, die du aus der Luft gesehen hast – *als Feder oder als Vogel ...*

Schließe noch einmal einen winzigen Augenblick ganz ruhig die Augen, um dich genau zu erinnern, und dann beginne schweigend zu malen …

Anschließend die einzelnen Bilder begutachten.

Vom Erlebten erzählen lassen.

Die Übung: Schweben, wie eine Feder …

Schließe deine Augen und lege (setze) dich ganz locker, bequem auf den Boden, auf die Unterlage. Am besten legst du dich auf den Rücken. Spüre einen Augenblick lang deinen Atem, du kannst fühlen, wie dein Atem ein … und aus … geht, ein … und aus …

Stelle dir vielleicht vor, beim Einatmen ist es so, als ob ein (Luft-)ballon in deinem Bauch aufgeblasen wird … Alle Muskeln in deinem Bauch bleiben dabei völlig entspannt: Du atmest ein und ganz langsam hebt sich dein Bauch … und mit jedem Ausatmen senkt er sich … ganz entspannt … Ein- und Ausatmen geschieht wie von selbst … *30 Sekunden*

Jetzt stelle dir einmal vor, du wirst immer leichter und leichter … Dein Körper verändert sich, du wirst eine Feder, bist jetzt eine Feder, zart und leicht … Schau dir einmal an, wie du aussiehst, welche Farbe du hast … Bist du eine *winzige* oder eine *große* Feder? …

Stelle dir vor, ein zarter Luftzug beginnt dich emporzutragen in die Luft, immer höher … und höher … **solange es dir gefällt.** Schau dich dort oben einmal um … Spüre wie es sich anfühlt, von der Luft getragen zu werden, … zu schweben … Wie der Wind dich trägt und wirbelt! … Wohlig entspannt bist du … Genieße noch einen Augenblick das Wirbeln und Gleiten in der Luft … *30 Sekunden*

Was kannst du alles sehen von dort oben? ... Wie fühlt es sich an, sich treiben und gleiten zu lassen, so leicht und weich ... als Feder.

Du wirst wieder schwerer, fühlst deinen normalen Körper schwer und fest (auf dem Boden) – bleibe noch einen Augenblick so liegen.
An dieser Stelle kann die Übung beendet werden (Rückkehrformel anwenden!), oder die Fortsetzung, der 2. Teil folgt.

Die Übung: Fliegen wie ein Vogel ...

Ruhig und gleichmäßig geht dein Atem, ... ein ... und aus ... Spüre, daß dein Körper sich (wieder) verändert.

Er nimmt (diesmal) die Gestalt eines Vogels an ... Deine Arme werden zu Flügeln ... Was für ein Vogel bist *du*? ... Ein kleiner Vogel, vielleicht ein Singvogel? ... Oder ein großer, der weite Strecken fliegt. Ein Zugvogel, der im Winter in den Süden zieht?

Du merkst, wie der Wind unter deine Flügel greift, ... spürst das Verlangen, dich zu erheben in die Lüfte. Du kannst beginnen, deine Schwingen, deine Flügel zu bewegen, auf und ab ... Erhebst dich aus eigener Kraft in die Luft, ... läßt dich gleiten auf dem Wind, ... kannst dich stürzen und wieder hochfliegen, ... kannst Schleifen fliegen, ... kannst landen und wieder hochsteigen.

Spüre einmal, wie es sich anfühlt, diesen Flug aus eigener Kraft zu machen mit deinen Flügeln und wie es ist, *zu entscheiden,* wie hoch du fliegen magst, ... zu entscheiden, wie schnell oder wie lange du fliegst. Genieße noch einen Augenblick das Gefühl des Fliegens, ... *30 Sekunden* ... dann kehre allmählich zu deiner normalen Gestalt zurück. Du bist wieder du.

(Folgenden Text nur sprechen, wenn der 1. Teil unmittelbar vorher durchgeführt wurde.)
Jetzt erinnere dich noch einmal kurz daran, eine Feder zu sein, zu schweben mit dem Wind – und alles, was geschieht, entscheidet der Wind. Fühle, wie es ist, zu gleiten, nur mit der Kraft des Windes. Dann löse dich von den Bildern und Gefühlen.
Spüre einmal, welches du lieber hast, oder ob dir beides gleich gut gefällt.

Abschluß für beide Situationen:
Beginne dich zu recken und zu strecken, nimm einen tiefen Atemzug. Recke dich, strecke dich (wie eine Katze am Morgen), öffne dann deine Augen, du bist hellwach, vollkommen entspannt und fühlst dich sehr wohl.

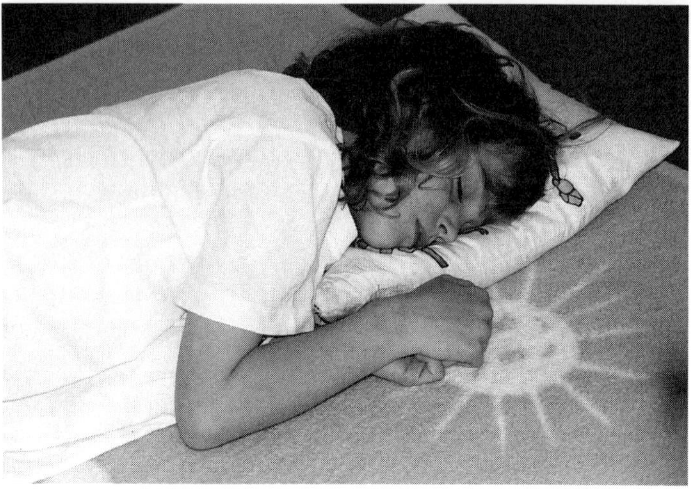

Jule und der Traumstein

Alter: ab ca. 5 Jahren
Dauer: ca. 30 Minuten
Ziel: Gut einschlafen, zur Ruhe kommen, bewußt Natur und Umwelt wahrnehmen.

Die Übung:

Jule ist jetzt schon ein paar Monate in ihrem neuen Zuhause.

Als sie ankamen mit dem großen Möbelwagen, war noch Winter. Wenn die Leute sprachen, bildeten sich kleine weiße Wölkchen vor ihren Gesichtern, so kalt war es. Dann kam der Frühling, das Eis schmolz, die Sonne wurde mit jedem Tag wärmer. Alles änderte sich, aber eines blieb, wie es war: Jule konnte abends nicht einschlafen.

Dabei wußte eigentlich keiner so recht, woran es eigentlich lag. Es war mit ein Grund gewesen, warum sie von der Stadt aufs Land gezogen waren, Mama, Papa und Jule ... natürlich war die gefleckte Katze Lisa auch mitgekommen. Sie hatte sich sehr schnell eingelebt, in der neuen, ruhigen Umgebung mit den weiten, blumenduftenden Wiesen.

Jule und Lisa sind von klein auf enge Freunde, und so streifen sie gemeinsam herum, um die neue Umgebung zu erforschen. Die Leute im Dorf staunen oft, denn es ist schon etwas Besonderes, wenn ein Mensch so gut Freund mit einer Katze ist. Jule ist auch an diesem Morgen noch ganz verschlafen, denn sie hat wieder bis tief in die Nacht hinein wachgelegen, obwohl sie schrecklich müde war. Lisa ist immer dicht an Jules Seite, sie streifen durch die schon sonnenwarmen Wiesen. Jule hat ihre Schuhe zu Hause gelassen. Das Gras unter ihren Füßen ist angenehm warm.

Fühle einmal, wie warm das Gras ist. Es ist so kuschelig weich.

Die Sonne scheint fröhlich und die beiden setzen sich auf die warme, weiche Wiese, so nahe wie möglich ans kleine Bächlein heran. Das Wasser hüpft an manchen Stellen munter über die glitzernden Kieselsteine. An anderen Stellen gleitet es so ruhig vorbei, daß Jule denkt, das Wasser stünde dort still ... Hin und wieder gleitet ein Fischlein durchs Wasser. Die Katze Lisa liegt zusammengerollt neben ihr in der Sonne ... Jule fühlt sich auf einmal ganz schwer und streckt sich neben ihrer Freundin aus. Lisa beginnt leise zu schnurren, wie immer, wenn sie sich wohlfühlt. Jule fühlt, wie sie immer schwerer wird, dort auf der weichen warmen Wiese.

Du fühlst dich wohlig warm ... Hör mal das leise Schnurren der Katze ... Du fühlst dich wohl und zufrieden ... Leise murmelt das Bächlein. Dein Atem geht immer ruhiger ... und gleichmäßiger. Du wirst immer schwerer ... 30 Sekunden

Kleine weiße Wolken ziehen am blauen Himmel dahin. Jule schaut ihnen nach und sieht alle möglichen Figuren. Bären, ... da eine Katze ... Sie lächelt ... Dort eine Giraffe ... Ein Gesicht ... „Hallo, Jule", hört sie eine leise Stimme direkt neben sich – „ich bin's, dein Traumstein". Jule blickt sich verwundert um und entdeckt einen fast unscheinbaren dunklen Stein neben sich im Gras liegen. „Nimm mich in deine Hand", sagt er. Warm liegt der flache, runde Stein in ihrer Handfläche ... „Spürst du die Wärme in meiner Mitte? ... Das sind die eingefangenen Sonnenstrahlen."

Spüre die wohlige Wärme auch in dir ... Schwer und ruhig ist der Stein. Viele Ereignisse sind an ihm vorbeigegangen. Er ist ruhig, schwer und wohlig warm ... Fühle, wie schwer und warm du bist.

Auf einmal beginnt der Stein von innen himmelblau zu leuchten. „Das blaue Licht aus meiner Mitte ist der Eingang ins Reich deiner Träume."

Sieh einmal das blaue Licht, wie es leuchtet, ... es strahlt tiefe Ruhe aus ... Der Stein ist schwer und ruhig. Auch du wirst immer schwerer ... Wohlige Wärme strömt durch deinen ganzen Körper ... Fühl mal die angenehme Wärme ... 30 Sekunden

Jules Atem ist ganz ruhig und gleichmäßig. Sie liegt schwer und entspannt im Gras und ist auf einmal so müde. Ihre Augen fallen ganz von alleine zu. Ganz glücklich ist sie ... Ihren Traumstein hält sie fest in der Hand.

Ruhig und gleichmäßig geht ihr Atem ... Sie beginnt zu träumen – wunderschöne Träume. Fühl mal, wie gleichmäßig der Atem geht ... Du fühlst dich ganz schwer und müde ...

Auch du wirst nun träumen. Das blaue Licht bringt dir die schönsten Träume.

Der Baum mit den goldenen Blättern

Alter: ab ca. 5 Jahren
Dauer: ca. 20 Minuten
Ziel: Selbstannahme, innere Zufriedenheit, den Blick für Werte wie Freundschaft und Zuneigung öffnen und auf die kleinen Freuden im Leben aufmerksam werden.

Die Übung:

Irgendwo, mitten in einem großen Tannenwald steht eine Birke auf einer sonnendurchfluteten Lichtung. Ihr silberweißer Stamm ragt schlank und kerzengerade in den Himmel. Mit jedem Windhauch, der sich regt, tanzen ihre Blätter fröhlich an den Zweigen. Wenn dann der Herbst kommt, färben die Blätter unserer Birke sich wie pures Gold. Wie es auch bei den anderen Laubbäumen dieser Erde ist, fallen die Blätter mit jedem Wind und Sturm herab. Mehr und mehr, bis eines Tages, wenn die ersten Fröste übers Land ziehen, die Birke kahl und nackt auf ihrem Platz steht, so, wie es bei den anderen Laubbäumen auch ist – der natürliche Lauf der Natur.

Vor vielen Jahren, als unsere Birke noch jung war, kam eine Zeit, da wurde sie nörgelig, unzufrieden. „Ich will *auch* meine Blätter im Winter behalten, so wie ihr eure Nadeln", zankte sie mit ihren Freunden, den Nadelbäumen. „Gemein ist das, unfair." Sie gab keine Ruhe, jahrein, jahraus.

Manch einsamer Wanderer lag im Sommer zur Mittagsruhe in ihrem lichten Schatten, um zum Abschied noch einmal dankbar seine Hand an ihren Stamm zu legen. Wenn dann die Zeit kam, in der ihre Blätter wieder aussahen wie Gold, ruhte manch müder Gast mit verträumten Augen unter ihr, um in die goldfarbene, leise im Wind tanzende Krone zu schauen.

All diese Dinge bemerkte die unzufriedene Birke gar nicht. Eines Tages, sie nörgelte und schimpfte wieder einmal vor sich hin, stapfte Brombasius, der Waldgeist seines Weges. Dann blieb er plötzlich stehen und horchte. Welche Mißtöne höre ich da in meinem friedlichen Wald? „Echt goldene Blätter will ich haben!", schimpfte die kleine, undankbare Birke. Das war das Allerneuste, jetzt sollten sie auch noch aus purem Gold sein. Da wurde Brombasius zornig. Leise sagte er zu sich: „Den Wunsch werde ich dir jetzt erfüllen. Du wirst schon sehen ..."

Als die Birke am nächsten Morgen erwachte, wurde ihr heiß und kalt. „Goldene Blätter habe ich", schrie sie in das frühmorgendliche Vogelgezwitscher hinein." Vor Schreck verstummten die Vögel. „Jetzt bin ich etwas Besonderes", hallte es weiter.

Immer affiger und hochnäsiger wurde sie, die Birke. Mit ihren alten Freunden, den Nadelbäumen, redete sie überhaupt nicht mehr, und wenn es einmal geschah, dann nur so von oben herab.

Wieder einmal nahte der Herbst. Die Birke, die so stolz war, spürte mit jedem Wind, wie schwer die goldenen Blätter waren. Früher tanzten sie fröhlich ..., aber was soll's, ich bin eben etwas ganz Besonderes, redete sie sich dann immer wieder ein. Dann kamen die ersten Herbststürme. Der Wind, der sie früher immer so gerne geneckt hatte, war auch nicht mehr ihr Freund. Besonders ärgerlich fuhr er dann durch die schwere, goldene Blätterkrone. Ein Blatt nach dem anderen plumpste auf den Boden. „Ihr seid alle

blöd. Hau ab, Wind, verschwinde, laß mich in Ruhe. Ich bin etwas Besonderes." Das ärgerte den Wind noch mehr und so wurde er immer garstiger. Die Nacht brach herein, als ein erschöpfter Wanderer am Stamm der Birke sein Nachtlager aufschlug. Er schlief so tief und fest, das er gar nicht bemerkte, welcher Sturm in dieser Nacht um ihn herum wütete. Als am nächsten Morgen die ersten Sonnenstrahlen aufblitzten, die ersten Vögel zu singen begannen, stand die Birke dort, kahl, ohne ein einziges ihrer goldenen Blätter, auf die sie doch so stolz gewesen war. Auch der Wanderer erwachte. Er wollte seinen Augen kaum trauen. Rasch füllte er seinen Rucksack und ging eilig davon. „Ach", seufzte da die Birke, „früher hat er sich immer von mir verabschiedet." Aber es kam noch schlimmer.

Irgendwie hatte sie sich wohl herumgesprochen, die Sache mit den goldenen Blättern. Es kamen immer neue Menschen, selbst, als schon gar keine Blätter mehr im Gras zu finden waren. Sie zankten laut, prügelten sich, wenn einer doch noch ein verstecktes Blatt gefunden hatte. Da schämte sich die Birke und wurde sehr traurig. „Ach, hätte ich doch wieder meine alten Blätter und noch viel wichtiger, meine alten Freunde ... Wind", rief sie ihn leise, „dir bin ich Dank schuldig, denn du hast mich von dieser Last befreit." Zärtlich und behutsam fuhr der Wind durch ihre kahlen Zweige und Äste. Da schöpfte das Bäumchen wieder Hoffnung.

Der Winter war kalt und schien der kleinen Birke an manchen Tagen besonders lang, aber die großen alten Tannen um sie herum hatten ihr schon längst ihren Hochmut verziehen und fanden oft ein tröstendes Wort.

Die Tage wurden wieder heller und länger. Ein besonderes Gefühl durchzog die Birke. Eines, das sie noch nie zuvor erlebt hatte. Eine Kraft, die von ihren Wurzeln nach oben zog, in ihre kahle, nackte Krone ... und siehe da, plötzlich sprossen grüne, zarte Frühlingsknospen aus ihren Zweigen. Ein tiefes Gefühl der Dankbarkeit durchströmte sie. „So, wie ich bin, so bin ich richtig, so, wie der liebe Gott mich geschaffen hat."

Spüre nun einmal in ***dein*** *Inneres hinein: „So, wie ich bin, so bin ich richtig." Laß es durch dich hindurchströmen, dich ausfüllen: „So, wie ich bin, so bin ich richtig" ... 1 Minute*

Dann löse dich allmählich von den Bildern, öffne deine Augen, du bist hellwach, vollkommen entspannt, und fühlst dich wohler als zuvor.

Meerielle

Alter: ab ca. 5 Jahren
Dauer: ca. 10 Minuten
Ziel: Eigenständig knifflige Momente bewältigen, hilfreich besonders auch bei kleinen „Trotzköpfen".

Die Übung:
Dein Atem geht ganz tief und gleichmäßig. Ein ... und aus ... ein ... und aus ... Stelle dir vor, du verläßt diesen Raum, um eine Reise zu machen, an einen wunderschönen, sonnigen Meeresstrand ... Du hörst das Rauschen der Wellen und riechst die salzige Luft ... Vielleicht schmeckst du sie sogar, die salzige Luft. Du fühlst dich wohl, vollkommen entspannt, gehst eine Weile am Strand entlang. Das warme, seichte Wasser umspült deine Füße, ... deine Zehen graben sich in den Sand.

Fühle einmal, wie sich das anfühlt: deine Zehen, die sich mit jedem Schritt in den Sand eingraben.

Du gehst weiter ... Hübsche Muscheln findest du dort. Rosafarbene, weiße – Muscheln in allen Farben ... *30 Sekunden*

Nach einer Weile kommst du an einen Felsen. Vorsichtig kletterst du hinauf und an der anderen Seite wieder hinunter. Eine kleine, menschenleere Bucht mit herrlich weißem Sand. Du kuschelst dich in den warmen, weichen Sand ... Nach ein paar Minuten erscheint dir alles so weit entfernt ... Die Stimmen vom großen Strand verstummen.

Hör mal nur das gleichmäßige Rauschen der Wellen ... 30 Sekunden

Wenn du genau hinspürst, merkst du, daß auch dein Atem einen solchen Rhythmus hat, wie das gleichmäßige Rauschen der Wellen. Dein Atem kommt ... und geht, ... sanft und gleichmäßig. Ein ... und aus ... ein ... und aus ... ein ... und aus ... Dir geht es gut.

Nach einer Weile öffnest du die Augen – erst glaubst du zu träumen: Du siehst nur ein kleines Stück von dir entfernt eine wunderschöne Meerjungfrau sitzen ... Freundlich lächelt sie dich an. „Ich heiße Meerielle und bin von Neptun, dem Meeresgott zu dir geschickt worden. Er sagt, ich solle dir deine Fragen beantworten. Weißt du, zum Beispiel auf solche, wie du besser einschlafen kannst, zu Hause, ... oder, wie du besser in der Schule wirst. Ob du abends weniger fernsehen sollst, ... oder mehr Lesen üben und all solche Dinge, aber auch ganz andere Fragen, wenn du magst. Na, dann frag mal ..."

Du hast jetzt Gelegenheit, Meerielle **deine** Frage zu stellen. Sei aufmerksam, was dir die kleine Meerjungfrau als Antwort gibt ... *30 Sekunden*

Allmählich ist es Zeit zurückzukehren. Du *bedankst* dich bei der Meerjungfrau und verabschiedest dich. Als du über den Felsen geklettert bist, siehst du sogleich den langen Strand wieder. Entdeckst vielleicht noch ein paar besonders schöne Muscheln ... – Ob Meerielle sie dir dort hingespült hat? Kehre nun wieder ganz in diesen Raum zurück, und erinnere dich an die Antwort, die Meerielle dir gegeben hat. Nimm einen tiefen Atemzug, recke und strecke dich, öffne deine Augen du bist hellwach in diesem Raum.

Anne, 7 Jahre: Ich soll mehr Rechnen üben.

Jessica, 9 Jahre: Ich soll mehr zuhören, dann werde ich besser in allen Fächern.

Manfred, 8 Jahre: Meerielle sagt, ich soll mehr lesen.

Saskia, 8 Jahre: Ich soll mehr Lesen üben.

Timor, 9 Jahre: Zu mir hat sie gesagt, ich soll mich besser auf eine Sache konzentrieren.

Philipp, 8 Jahre: Ich soll mich mehr auf das konzentrieren, was vorne passiert.

Fit in 5 Minuten

Die Minutenentspannung

Dauer: je Übung ca. 5 Minuten
Ziel: Entspannung, den Tag locker angehen, den Kopf klären. Auch vor Klassenarbeiten und Prüfungen bestens bewährt.

Besonders die beiden folgenden Übungen eignen sich vorzüglich, um ***nach dem Unterricht, vor und gegebenenfalls zwischen den Hausaufgaben*** für Erfrischung zu sorgen.

Wegen der kurzen Dauer auch bei Zeitknappheit und bei ungeduldigen Personen bestens geeignet.

Loslassen ... ab ca. 5 Jahren anzuwenden. Für **jede Altersgruppe** einsetzbar. Diese Entspannung wird als **ideale kleine Verschnaufpause** genutzt. (Der beste Weg, es herauszufinden, ist der, es auszuprobieren ...)

Die Übung: Am See

Mach's dir bequem auf deinem Platz ... Deine Füße stehen beide auf dem Boden, deinen Kopf kannst du, wenn du magst, auf den Tisch legen, auf deine Arme. Spüre, wie dein Atem immer ruhiger wird ... Bilder tauchen auf ... ein herrlich blauer Himmel über dir ... ein See ... Segelboote mit weißen, leuchtenden Segeln ... ruhig gleiten sie übers glitzernde Wasser ... Ihre Bahnen kreuzen sich ... Du spürst die Ruhe, die sich immer mehr in deinem Körper ausbreitet ... *30 Sekunden*

Schau dir noch einen Augenblick alles an ... spüre die Wärme der Sonne ... vielleicht gibt es etwas zu hören ...

vielleicht schmeckst du den Geschmack des Wassers … oder riechst es, das Wasser …

Kehre langsam zurück in diesen Raum, … nimm einen tiefen Atemzug, … du bist jetzt vollkommen entspannt und fühlst dich sehr wohl. Öffne deine Augen.

Die Übung: Auf der Wiese

Mach's dir wieder bequem auf deinem Stuhl, oder auf dem Boden, wo du liegst … Spüre, wie dein Atem ruhiger und tiefer wird … sanft und gleichmäßig … deine Augen sind geschlossen …

Stell dir vor, du liegst auf einer wunderschönen grünen Wiese ... um dich herum duftende Blumen ... über dir ein strahlendblauer Himmel ... Du spürst die Weite und Ruhe des Himmels ... Hin und wieder taucht eine kleine weiße Wolke auf ... und falls Gedanken in deinem Kopf auftauchen, so laß sie ganz einfach kommen und wieder gehen, ... wie die kleine weiße Wolke am Himmel, ... sie kommt ... und geht ...

Alle überflüssigen Gedanken kannst du genauso gehen lassen. ... Genieße noch einen Augenblick diese herrliche Ruhe, ... dieses Kommen- und Gehenlassen deiner Atemzüge ... *30 Sekunden*

Dann, langsam, löse dich von den Bildern. Dein Atem wird wieder tiefer. Nimm einen kräftigen Atemzug. Du kehrst in den Raum zurück, öffnest deine Augen, bist vollkommen entspannt, hier in diesem Raum.

Abschalten: Für Kinder ab 5 Jahren.
Wenn Kinder/Jugendliche und Erwachsene am Morgen noch nicht ganz „da" sind oder nach einem strammen Unterrichts/Arbeitstag, besonders auch nach einseitigen Tätigkeiten (z. B. nach intensiver Computertätigkeit), ***um den Kopf*** *(wieder)* ***klar zu bekommen.***

Die Übung: Kopftrommeln

Du sitzt locker und entspannt auf deinem Stuhl, auf deinem Platz ... Du beginnst behutsam, aber doch mit etwas Kraft deinen Kopf mit deinen Fingerkuppen zu trommeln ... so als ob dicke Regentropfen fallen ... wandere mit deinen Händen um den ganzen Kopf herum ... trommele, so wie der Regen fällt ... oben auf dem Kopf, mit beiden Händen gleichzeitig ... hintenherum, bis zum Nacken ... wandere um den Kopf herum, als hättest du ein Kränzchen auf dem Kopf (stelle dir einfach vor, wo ein Blumenkranz oder ein Siegerkranz sitzen könnte). Rundherum, hinten bis zum Nacken, vorne über die Stirn, die Schläfen, über die Ohren ... Spüre, wie vielleicht schon jetzt dein Kopf wieder klar und wach wird ... und der Tag kann weitergehen.

Schließe jetzt noch eine Massage der Ohren an. Das macht Spaß und geht recht schnell. Nimm in jede Hand ein Ohr, zwischen Daumen und Zeigefinger, beginne behutsam mit etwas Kraft, deine Ohren zu kneten und zu massieren ... erst den äußeren Rand ... dann etwas zur Mitte hin ... bis du schließlich an der Kopfhaut landest. Mach es so, daß das ganze Ohr massiert wird.

Wenn du fertig bist, mit dem Trommeln und Massieren, dann spüre einen winzigen Augenblick in deinen Kopf hinein, welchen Unterschied das jetzt ausmacht. Du fühlst dich jetzt wacher und frischer. Viel Spaß.

Die Übung: Farb-Pingpong

Richte deine Aufmerksamkeit auf dein Gehirn ... Oft wird eine Hälfte stärker beansprucht als die andere. Diese Übung stellt die Harmonie, den Ausgleich wieder her.

Denke dir in deiner linken Gehirnhälfte ein klares Rot ... und in deiner rechten die Farbe Blau ... wechsele jetzt wie beim Pingpong-Spiel schnell mit deiner Aufmerksamkeit von rechts nach links, von blau ... nach rot ... blau ... – rot ... blau ... – rot ... eine Weile so hin und her ... *30 Sekunden*

Du spürst schon jetzt die Klarheit in deinem Kopf. **Bist bereit, dich voll auf das zu konzentrieren, was zu tun notwendig ist.**

Nur Mut: wendet sich an Kinder ab ca. 8 Jahren, an Jugendliche und Erwachsene, die unter Schul-/Prüfungsangst leiden. (Auch Lehrer profitieren verschiedentlich vom Nutzen dieses Titels.)

Die Übung: Die Klassenarbeit

Machs dir wieder bequem auf deinem Platz ... Du weißt, du wirst in Kürze eine Klassenarbeit schreiben. Spüre in dich hinein, welches Gefühl du dabei hast ... Spüre in deinen Bauch, in deine Schultern ... und achte einmal auf deinen Kopf, auf dein Gehirn, auf deine Gedanken ... und jetzt laß einfach alles los. Löse deine Aufmerksamkeit von deinem Körper. Erinnere dich an eine Situation, in der du sehr erfolgreich warst ... in der du *gelobt wurdest und stolz warst auf dich* ... gehe jetzt dort hinein.

Du bist stolz und glücklich ... du fühlst all das, was in deinem Körper vorgeht, in diesem Moment ... du bekommst das Lob oder die Auszeichnung ... du spürst es vielleicht in deinem Bauch, ... vielleicht in deiner Brust, oder anderswo im Körper ...

Welche Gedanken tauchen auf?

In dem Augenblick, wenn es dir am besten geht, nimm eine Hand und lege sie an eine Stelle des Körpers, die du nur für diese Erinnerung reservierst, vielleicht an der Schulter oder am Handgelenk und speichere diese Erinnerung dort ... *30 Sekunden*

Dann löse dich langsam, nimm einen tiefen Atemzug. Verabschiede dich vom Geschehen. Öffne deine Augen. Du bist hier und jetzt, **bereit eine gute Arbeit zu schreiben.**

Die Übung: Der rosarote Elefant

Du bist bequem und entspannt auf deinem Platz ... Stelle dir eine Situation vor, in der du dich unwohl fühlst. Eine, die wiederkehrt ... gehe in die Situation hinein ... Male dir einfach aus, die Umgebung verändert sich ... vielleicht sind die Wände rosarot ... der Fußboden ist vielleicht aus Wackelpudding, und alle machen alberne Bewegungen ... schwabbeln und wackeln hin und her ...

Und falls es eine Hauptperson gibt, vor der du Angst hast, stelle dir einfach vor, sie schwebt wie ein dicker, rosaroter Elefant an der Decke ... und du schaust hoch und siehst, wie langsam dieser rosarote Elefant immer tiefer sinkt, ... immer tiefer ... und wie ein Luftballon, aus dem die Luft herausgeht in sich zusammensackt ... und du siehst, wie er immer kleiner wird ... immer kleiner ... bis alle Luft aus ihm heraus ist und nur noch eine rosarote Hülle dort liegenbleibt ... Löse dich langsam von dem Bild. Von dem Wackelpuddingfußboden und den rosaroten Wänden. Verabschiede dich. Nimm einen tiefen Atemzug. Du spürst ein Lächeln auf deinen Lippen und bist wieder voll in diesem Raum.

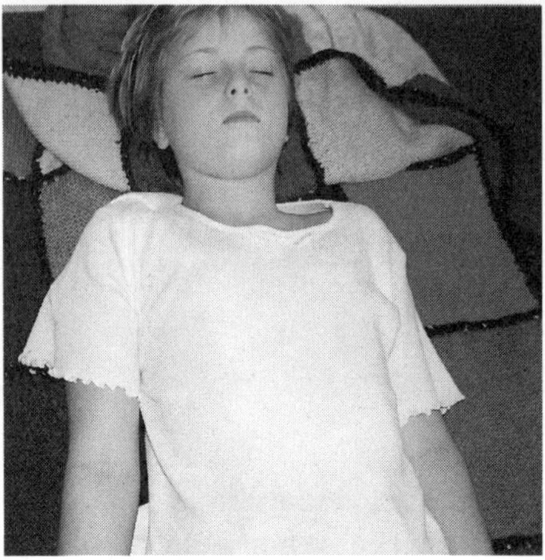

Schatz oder Märchen

Eine Reise zum Thema **Geben und Nehmen** und zur Förderung der **Entscheidungskraft.**

Alter: ab ca. 8 Jahren
Dauer: ca. 8 Minuten
Ziel: Siehe oben

Die Übung:

Dein Atem geht ein ... und aus ... Laß deinen Atem gleiten, ruhig und gleichmäßig ...

Stelle dir vor, dein Atem gleitet wie ein Segelboot über ein helles, glänzendes Wasser ... Ruhe durchströmt deinen ganzen Körper und fortwährend gleitet das Segelboot über das Wasser. Ruhig und gleichmäßig ... Du kannst spüren, wie sich mit jedem Einatmen dein Bauch ein wenig hebt

... und mit jedem Ausatmen wieder senkt ... Sanft und ganz von allein. Du läßt einfach alle Spannungen los ... Dein Bauch ist vollkommen entspannt, ganz locker und die Bewegung kommt von alleine.

Während der ganzen Zeit gleitet dein Segelboot ruhig und sanft weiter über das Wasser ... Winzige Schaumkrönchen schwimmen auf der Wasseroberfläche. Mit jedem Bläschen, das auf der Oberfläche zerplatzt, wirst du noch entspannter ... Spüre einmal, wie schwer und entspannt deine Beine sind ... Das Wasser wird immer glatter, immer ruhiger ... Wie ein Spiegel liegt es nun unter deinem Segelboot und schaukelt dich ganz leicht, so, wie du deinen Atem fließen läßt ...

Das Wasser ist so klar, daß du bis auf den Grund sehen kannst ... Schau genau hin, was du siehst im Wasser und auf dem Grund des Sees ... Alte Geschichten sagen, dort unten läge ein Schatz ... Andere erzählen von den wunderschönen, geheimnisvollen Fischen, dort im Wasser ... Stelle dir vor, du siehst alles wie durch eine Lupe, klar und genau ... Du siehst die Farben der Fische glitzern. In aller Pracht des Regenbogens scheinen sie zu dir herauf ... Vielleicht entdeckst du auch schon den sagenumwobenen Schatz ...

Du kannst *jetzt* wählen, ob du dir vom König der Fische ein geheimnisvolles Märchen erzählen lassen möchtest oder dir genau den Schatz ansehen willst, von dem du dir auch ein Stück aussuchen darfst. Allerdings unter der Bedingung, daß du etwas von dir selbst gibst, das dir etwas bedeutet ... *30 Sekunden*

Genieße noch einmal die schöne, glitzernde Oberfläche des Sees und komme nun langsam zurück an den Ort, an dem deine Reise begonnen hat. Nimm einen tiefen Atemzug, recke und strecke dich. Du bist hellwach und vollkommen entspannt.

Der geheimnisvolle Ratgeber

Ich weiß nicht mehr, was ich tun soll ... Wie kann ich das Problem wohl in den Griff bekommen ... *Solche Momente im Leben kennen wir. Oft ist dann ein „Knoten" im Kopf, der „Frust" wächst und die Situation wird immer verfahrener. Kinder und Jugendliche empfinden Dinge, Situationen oft viel dramatischer, als wir sie aus unserer Sicht wahrnehmen. Vielleicht trauen sie sich auch nicht, uns um Rat zu fragen, oder wir haben „im Augenblick keine Zeit", oder sie sind in irgendeiner Phase der Pubertät, in der „man" ja nicht mehr mit jedem „Babykram" die Eltern fragt – und der ist es möglicherweise, der die Seele malträtiert, wie ein kleiner, piekender Stein im Schuh uns quält.*

Die folgende Reise führt über die Anregung der Sinneswahrnehmung zu einer Lösung, die uns sonst wahrscheinlich nicht in den Sinn gekommen wäre. Festgefahrene Gedankenmuster lösen sich, andere Wege zur Verbesserung von Fähigkeiten werden entdeckt und beschritten.

Unser Gehirn und Zentralnervensystem behandelt eine „Vorstellung/Visualisierung" wie eine tatsächlich erfolgte Handlung.

Alter: ab ca. 8 Jahren
Dauer: ca. 15 Minuten
Ziel: Neue Wege zur Problemklärung entdecken, Ausweg aus „Lernsackgassen".

Die Übung:
Setz (leg) dich bequem hin, laß deinen Atem ruhig und gleichmäßig fließen ... Mit jedem Ausatmen ist dein Körper immer ruhiger und entspannter ...

Stelle dir vor, du reist durch Raum und Zeit in einen wunderschönen, sonnigen Wald ... Du hörst das Zwitschern der Vögel, Grillen zirpen ... Du riechst den Geruch der Erde und gehst weiter, den sonnenüberfluteten Weg entlang. Nach einer Weile kommst du an eine Wegkreuzung. Auf einem alten, verwitterten Holzschild stehen verschiedene Hinweise. Rundwanderweg, Burg, Höhle. Du entscheidest dich, den Weg zur Höhle zu nehmen.

Die Sonne steht hoch am Himmel. Die Bienen summen in den Waldblumen, ein Hase hoppelt über den Weg. Dort gerade vor dir ist eine große Fläche Moos. Du berührst es sachte mit deinen Händen. Spüre, wie weich und warm sich das Moos anfühlt ... Du gehst weiter und stehst vor einem Busch, der übersät ist mit unzähligen bunten Schmetterlingen. Wie es da flattert und schimmert ... und dennoch liegt über alldem eine selbstverständliche Ruhe ... *Spüre einmal die Ruhe auch in dir* ... Du streckst deine Hand aus und schon fliegt einer der bunten Schmetterlinge auf deine Finger. Du hast Gelegenheit, ihn dir nun einmal ganz genau anzuschauen. Seine großen runden Augen, die so außergewöhnlich sind ... seine schimmernden, bunten Flügel ... Ganz zart sieht er aus. Dann fliegt er langsam wieder davon, hoch in den blauen Himmel, bis du ihn nicht mehr sehen kannst.

... Du gehst weiter, bis du an eine Stelle kommst, wo aus der Erde eine glitzernde Quelle springt. Du füllst deine Hand mit dem klaren Wasser. Es schmeckt kühl und frisch. Du gehst weiter, bis du an einem großen Felsen anlangst ... Die Sonne glitzert durch die Blätter. Mit einem Mal entdeckst du dort hinter dem blühenden Busch im Felsen eine Öffnung, die gerade groß genug ist, daß du hineinkriechen kannst ... Nach ein paar Sekunden haben sich deine Augen an das dämmrige Licht gewöhnt ... An den Wänden der Höhle hängen wunderschöne, schimmernde Steine ... Es scheint dir, als wärst du in einem unterirdischen Märchenreich. Schaue dir alles ganz in Ruhe an. Du gehst etwas weiter hinein und gelangst in einen Raum, dessen Decke durchzogen ist von Wurzeln und Würzelchen ... und dort hinten, auf einer Art Thron aus Baumwurzeln sitzt ein Wesen, das dir sehr vertraut erscheint. Es spricht zu dir in ruhiger, vertraulicher Art. Es weiß sogar deinen Namen. Gewiß gibt es etwas, was du verändern, verbessern möchtest. Vielleicht willst du dich besser mit deinen Eltern oder Geschwistern verstehen, ... friedlicher mit ihnen leben ... oder du möchtest besser einschlafen ... vielleicht gibt es aber auch ein Fach in der Schule, in dem du noch besser werden willst ... oder ein Problem, mit dem du dich herumärgerst ... Entscheide dich jetzt für eines ... du hast nun die Gelegenheit, zu fragen, was du dafür tun kannst, welche neue Möglichkeit es gibt, um dein Ziel wirklich zu erreichen ... Sei aufmerksam, wie du deine Antwort erhältst ... Vielleicht als Bild ... oder gesprochen ... oder einfach so ... *30 Sekunden*

Probiere deine neue Möglichkeit jetzt sofort in deiner Phantasie aus. Stelle es dir so gelungen vor, wie du es in deinen kühnsten Träumen tust ... Spüre nun noch eine Weile, wie herrlich sich jetzt auch der dazugehörige Erfolg anfühlt ... *30 Sekunden*

Bedanke dich nun bei deinem geheimnisvollen Ratgeber, ... verabschiede dich und kehre mit dem zurück in diesen Raum, was du als Antwort erhalten hast. Nimm einen tiefen Atemzug, recke und strecke dich, öffne deine Augen, du bist voll und ganz im Hier und Jetzt.

Der kleine Mann im Ohr

Alter: ab ca. 8 Jahren
Dauer: ca. 10 Minuten
Ziel: Klassenarbeiten und Prüfungen entspannt durchführen. Innere Sicherheit, den Sinn von Stille erkennen und für sich anwenden.

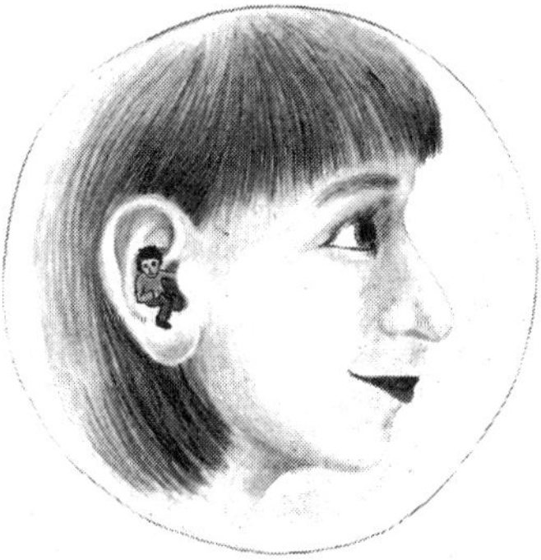

Die Übung:
Du liegst entspannt auf der Unterlage (wenn liegen nicht geht: ... *sitzt entspannt)* Deine Arme liegen am besten neben deinem Körper (im Sitzen: *ruhen entspannt auf deinen Oberschenkeln, oder: du legst deinen Oberkörper auf den Tisch)* Du bist ganz ruhig und kannst spüren, vielleicht schon jetzt, wie du mit jedem Ausatmen immer tiefer ... und tiefer in die Entspannung hineingehst ... Immer schwerer wird dein Körper, ... immer schwerer. Alle Gedanken schweben ganz einfach davon ... wie eine kleine weiße Wolke am Himmel ... *30 Sekunden*

Nun stelle dir einmal vor, du sitzt in der Schule. Einige der Kinder machen Dummheiten und rutschen auf ihren Plätzen hin und her. Vielleicht ärgerst du dich ein wenig über die Unruhe in der Klasse. Mit einem Mal spürst du ein Kitzeln in deinem Ohr. Du nimmst deinen kleinen Finger und beginnst in deinem Ohr zu pulen. Gleichzeitig ertönt eine Stimme: „Aua, was machst du mit mir?" Im ersten Moment denkst du: „Ich glaub, ich spinne. Wer spricht denn da?" Vor lauter Schreck hast du den Finger aus dem Ohr genommen. Das Kitzeln fängt wieder an. Noch einmal fährst du mit dem Finger ins Ohr. Sofort hörst du wieder die Stimme: „Laß das doch, du tust mir weh." Dir fällt auf: Die Stimme kommt aus deinem Ohr. Ganz vorsichtig tastest du daran. Auf einmal hast du etwas zwischen deinen Fingerkuppen. Klein wie ein Käfer, du hältst es dir vors Gesicht. Ein winziges Männlein. Es ruft: „Hallo, ich bin's." Du schaust das Männlein an und denkst: „Das gibt's doch gar nicht." …

Von vorne tönt die Stimme deines Lehrers, deinen Namen rufend: „… bist du wohl still!" Leise sagst du dem Kleinen: „Ich bringe dich jetzt in Sicherheit." Nimmst die Dose, für Kleingeld und Klimperkram, steckst das Kerlchen hinein.

Die Stunde will gar nicht zu Ende gehen, aber endlich läutet es zur Pause. Mit deiner Dose rennst du ganz schnell nach draußen. Vielleicht bist du ein wenig aufgeregt, …was das Männlein dir wohl zu sagen hat? Behutsam klappst du den Deckel hoch und hörst zuerst: „… puuuh, ist das warm hier drin! Ich schwitz' mich ja noch kleiner!" – „Hey, wie kommst du in mein Ohr?" fragst du den Kleinen. „Weißt du das nicht?" antwortet er und lacht leise. „Irgendwann hast du gesagt: Ich wünsche mir jemanden, der mir hilft meine Klassenarbeiten und Hausaufgaben noch besser zu schreiben und überhaupt besser zu werden,

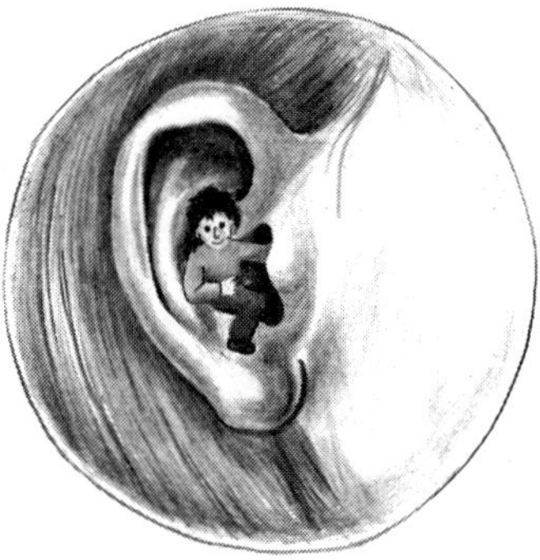

in der Schule. – Hier bin ich nun, wenn du mich brauchst: Ich bin da." …

„Du willst mir in der Schule helfen?" Das Männlein steht in der Dose, stemmt die Hände in die Hüften, lacht und sagt: „Logisch, dafür bin ich ja da! – und natürlich, wenn du so mal nicht klarkommst, einen treuen Kumpel brauchst – ach, bevor ich's vergesse: mein Name ist Helpie." Als die Pause zu Ende ist, klettert er noch rasch in dein Ohr und raunt dir zu, daß dort sein Zuhause ist. „Mit dem Ohrkitzeln werde ich mich auch zurückhalten", verspricht er noch, „auf Ehrenwort."

Bald geht der Unterricht wieder weiter, die Zeit vergeht heute besonders langsam. Du denkst an dein Geheimnis und spürst, daß es dir richtig Spaß macht. Endlich kannst du nach Hause gehen. Du konntest es die ganze Zeit kaum aushalten. Zum erstenmal bist du sehr gespannt darauf, deine Hausaufgaben anzufangen. Deine Eltern sind völlig überrascht. „Ach", sagst du, „ich glaube, es ist besser, wenn ich sofort anfange, ich bin dann noch fit, es richtig gut zu machen." … Du sitzt am Tisch, schließt deine Augen, denkst an einen wunderschönen blauen Himmel … Alle Gedanken ziehen mit dieser kleinen weißen Wolke dahin ... Nach ein paar Minuten bist du voll da und fängst direkt an. Bei der ersten Aufgabe, die dir sonst Schwierigkeiten macht, denkst du: „Mal hören, ob die Stimme des Männleins etwas sagen kann, um mir zu helfen ... Und schwuppdiwupp, ist die Lösung auch schon in deinem Kopf – dabei hat Helpie doch gar nichts gesagt, oder doch? ... Sehr merkwürdig! „Weißt du, eigentlich bin ich ja schon immer bei dir, du hast mich nur nicht bemerkt. In deinem Kopf war es immer so laut, daß du mich gar nicht hören konntest! Jetzt, beim blauen Himmel mit der weißen Wolke – und eben in der Schule war es in deinem Kopf so leise und ruhig, da hast du mich gehört. Wenn's so laut ist, lauter wirre, wuselige Gedanken, die durcheinanderlärmen, fällt es ***mir*** auch schwer, mich zu konzentrieren, denn ***ich*** lerne alle Aufgaben, die ***du*** lernst immer mit, um auf dem laufenden zu sein. Du verstehst? ... *30 Sekunden*

„Donnerwetter", denkst du, ***so geht das*** also: Du machst in aller Ruhe deine Hausaufgaben, lernst und übst und wenn es einmal schwierig wird, hörst du noch genauer hin, was dir dein kleiner Freund so zuflüstert, und siehe da: Alles fällt dir leicht, wie nie zuvor ... ***Vielleicht zum erstenmal freust du dich auf die nächste Klassenarbeit.*** Jetzt, wo du weißt, das du Helpie hast, fühlst du dich ganz mutig und sicher.

Eines Tages sagt dein Lehrer: „Was ist nur passiert mit dir, du schreibst ja Supernoten?" „Ach", willst du gerade sagen, „ich habe Helpie im Ohr", da besinnst du dich, lächelst zufrieden, und sagst einfach nur: „Na ja, wer gut lernt ***und dabei auch noch Spaß*** hat, ist eben gut in der Schule." Natürlich weißt du längst, daß du Helpie pflegen mußt, damit es euch ***gut***geht.

Von Mal zu Mal fällt dir das Lernen immer leichter ... Du wirst noch ruhiger und besser in der Schule. Bedanke dich bei Helpie, genieße noch eine Zeitlang die Ruhe in deinem Kopf ... *30 Sekunden*

Dann nimm einen tiefen Atemzug, recke und strecke dich wie eine Katze am Morgen, und öffne deine Augen. Du bist hellwach in diesem Raum.

Reise im Zeitmobil

Alter: ab ca. 8 Jahren
Dauer: ca. 10 Minuten
Ziel: (wieder) Abenteuer erleben mit der eigenen Phantasie. Kopfkino statt Glotze.

Wenn die „Zukunft" gewählt wird, kommen manchmal Zukunftsängste zum Vorschein, z. B.: „Die Natur ist ganz kaputt", oder: „Alle leben unter einer riesigen Glasglocke, weil die Ozonbelastung so hoch ist."

An dieser Stelle kann darauf verwiesen werden, daß jeder einzelne seine Verantwortung gegenüber der Umwelt hat.

In der Familie kann bewußt damit umgegangen werden (Sammeln von Leergut, Batterien, Trennung – besser Vermeidung – von Müll etc.). Im Familienkreis schreiben die Mitglieder auf, was ihnen zum Thema einfällt. (Wie stelle ich mir die Zukunft vor und was kann ich dafür tun, um sie zu optimieren/ so gut wie möglich zu unterstützen und gestalten.)

Die Übung:

Du bist entspannt auf deinem Platz ... Dein Atem wird immer ruhiger ... und gleichmäßiger. Laß alle Gedanken einfach los ... Laß sie dahinziehen, wie die kleine, weiße Wolke am Himmel ... *30 Sekunden*

Stelle dir vor, du hast Ferien und bist gerade dabei, die Gegend zu erkunden ...

Einzelne Häuser ... Feldwege, dort ein kleiner Wald ...

Du läufst weiter und glaubst, so etwas, wie eine Hütte zu erkennen, dort im Wäldchen ... Neugierig gehst du näher ... Aus groben Holzplanken fensterlos gebaut steht sie da. Durch ein Astloch lugst du ins Innere. Weil du nichts erkennst, reizt dich der Gedanke, hineinzugehen. Beim Herabdrücken der Türklinke springt die Türe sofort auf ... Du stehst in einem dämmrigen Raum, gewöhnst dich langsam an das spärliche Licht, das durch Ritzen und Astlöcher von draußen hereinkommt ... dort steht ein Holzschemel vor einem groben Werktisch ... Irgend etwas ist unter einem großen Tuch versteckt ... Behutsam ziehst du es herunter. Ein kleines Gerät kommt zu Vorschein, mit Knöpfen, Hebeln und einer Zahlenskala.

Neben dem Gerät liegen handgeschriebene Notizen.

Zuoberst steht „Zeitmaschine", darunter jede Menge mathematischer Formeln. Da ist ein Hebel, auf dem steht „Zukunft" ... ein anderer, auf dem zu lesen ist „Vergangenheit" ... Dann ist da ein roter Knopf zum Einschalten ... auf einem grünen Knopf steht Start ... und es gibt eine Zahlen-Skala. Du hast längst erkannt, dort ist das Jahrhundert, sogar das Jahr einzustellen, wenn du dich erst einmal für die Zeitrichtung entschieden hast ... Entscheide nun, in welche Zeit du willst ... Dann stelle alles so ein, wie du es dir vorstellst ... Vielleicht möchtest du ja in die Zeit von Robin Hood ..., oder willst eine Reise machen in einer Raumfähre. Du kannst sogar in die Saurierzeit ... zu den Seeräubern, in die Ritterzeit. Du schaltest jetzt mit dem roten Knopf an, stellst alles ein und drückst auf „Start". Nun wartest du ab, was geschieht ... Im Raum sieht alles noch so aus, wie zuvor.

Als du jetzt jedoch aus der Holzhütte ins Freie trittst, bist du sehr erstaunt. Es hat also doch funktioniert. Du bist in der Zeit gelandet, für die du dich entschieden hast ... Nun sieh dich dort genau um ... Achte auf Geräusche und

Gerüche, ... auf die Temperatur ... Vielleicht freundest du dich auch mit jemandem dort an ... Du hast jetzt Zeit, mit deinem neuen Freund gemeinsam etwas zu erleben ... *30 Sekunden*

Du kannst auch noch Fragen stellen, zu Dingen, die dich interessieren ... *30 Sekunden*

Achte darauf, wie das Familienleben dort abläuft ... Wie geht es den Kindern in dieser Zeit? ... Was wird dort gegessen? ... Wie bewegen sich die Menschen fort? ... Leben sie in Häusern? ... Woraus sind sie gebaut und wie sehen sie aus? ...

Nun verabschiede und bedanke dich bei deinem Freund ... kehre wieder zurück in diesen Raum und diese Zeit. Nimm einen tiefen Atemzug, recke und strecke dich, öffne deine Augen, du bist hellwach im Hier und Jetzt.

Schilfhalm im Wind

Alter: ab ca. 8 Jahren
Dauer: ca. 10 Minuten
Ziel: Den Fluß des Lebens wieder in Gang bringen, Widerstände auflösen. In kritischen Entwicklungsphasen, in Krisenzeiten, wenn eine Freundschaft zerbrochen ist, ein Freund oder Angehöriger fortgegangen ist usw.

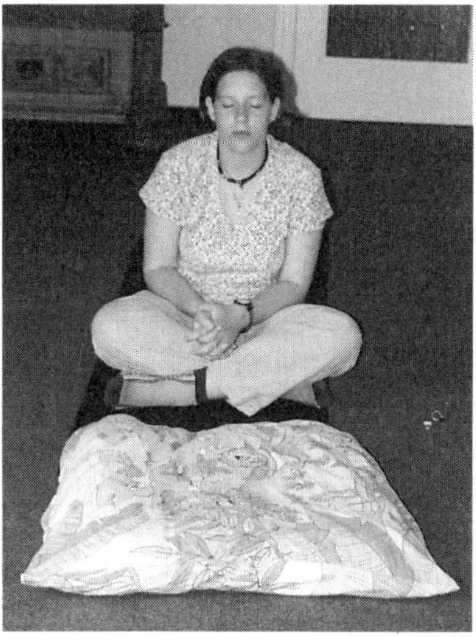

Die Übung:

Du bist in entspannter Lage auf deinem Platz. Dein Atem geht ein ... und aus, ... ein ... und aus ... Du läßt alle Gedanken mit der kleinen weißen Wolke einfach davonziehen. Jeder Mensch kennt Zeiten von Kummer. Alles scheint schiefzugehen. Vielleicht ist es dir aufgefallen, wenn du Streit in der Familie hattest, wenn du Streit in der Schule hattest oder aus irgendeinem anderen Grund ärgerlich oder traurig bist. Diese unangenehmen Gefühle entstehen meistens, wenn du dich gegen irgend etwas auflehnst. Diesen Widerstand zu lösen, hilft folgende Übung.

Du entspannst mit jedem Ausatmen immer mehr, ... sinkst immer tiefer in die Entspannung hinein ... die Gestalt deines Körpers verändert sich. Stelle dir vor, du bist einer von unzählig vielen Schilfhalmen, die am Rande eines Sees stehen ... Ein leichter Wind umschmeichelt dich ... Erst sanft und dann stärker ... Deine Halmgestalt neigt sich im Wind hin und her ... Er wird stärker ... zum Sturm ... alle Schilfhalme neigen sich ... Du spürst wie geschmeidig dein Körper ist, wie nachgiebig und trotzdem unglaublich stark, in diesem Wind, dem Sturm zu bestehen ... *30 Sekunden*

Der Sturm ist vorbei. So plötzlich, wie er angefangen hat. Der Wald aus Schilfhalmen steht genauso da, wie zuvor. Vielleicht noch ein wenig zerzaust. Alle Halme stehen dort aufrecht, ohne Schaden genommen zu haben.

Beginne nun, dich zu recken und zu strecken in deinem wirklichen Körper, der schwer und entspannt auf der Unterlage liegt. Nimm nun einen tiefen Atemzug und öffne deine Augen.

Die Traumschule

Schule ist blöd, „Scheißschule“, und ähnliche, wenig schmeichelhafte Betitelungen haben wir vermutlich alle schon zur Genüge gehört, oder gelesen. Für die meisten Kinder und Jugendlichen ist „Schule“ mit äußerst negativen Attributen belegt.

Alter: ab ca. 8 Jahren
Dauer: ca. 5 Minuten
Ziel: Die Begriffe Schule und Lernen mit positiven Gedanken und Gefühlen verbinden. Wege, Möglichkeiten finden, diese zufriedenstellend zu verändern. Sinn für Gemeinschaft, das „Füreinander, Miteinander" fördern.

Abschluß: Anschließend mit dem Kind/den Kindern reden, was sich realisieren läßt. Gemeinsam ist vieles machbar.

Die Übung:

Spüre einmal in dich hinein, was du empfindest und denkst, wenn ich jetzt das Wort „Schule" sage ... Mit welchen Erinnerungen und Gefühlen ist das Wort für dich verbunden ... Was findest du gut an der Schule, was magst du gar nicht? Dort, wo du gerade sitzt oder liegst, machs dir bequem. Schließe nun deine Augen. Dein Atem fließt ruhig und gleichmäßig aus ... und ein ...

Stell dir vor, es ist morgendlicher Schulbeginn. Du kommst gerade vor der Schule an. Von außen sieht sie aus wie immer. Als du jedoch die Räume betrittst, ist vieles ganz anders. Der Klassenraum ist neu gestrichen, ... viel-

leicht in einem sonnigen Gelb ... Spüre die Heiterkeit, die von dieser Farbe ausgeht und die angenehme Wachheit ... *30 Sekunden*

Auch die Einrichtung ist total anders, so, wie es dir gefällt, ... möglicherweise sind dort Hängematten ... Die Klassenräume und Flure duften angenehm ... Die Mitschüler sind verändert, du merkst, wieviel Spaß sie haben, ... die Lehrer machen den Unterricht, daß es das reine Vergnügen ist. Zwischendurch sind kleine Entspannungsmomente eingebaut. Selbst die Unterrichtsthemen sind so, daß du richtig Freude am Lernen hast ... Eine angenehme Musik schwebt über allem ... *30 Sekunden*

Recke und strecke dich, nimm einen tiefen Atemzug, öffne deine Augen. Du bist hellwach in diesem Raum.

Welche Farbe hat das Glück

Alter: ab ca. 10 Jahren
Dauer: ca. 10 Minuten
Ziel: Sich ein positives Gefühl schaffen, erinnern, wie es geht, aus dem dunklen Loch herauszukommen.

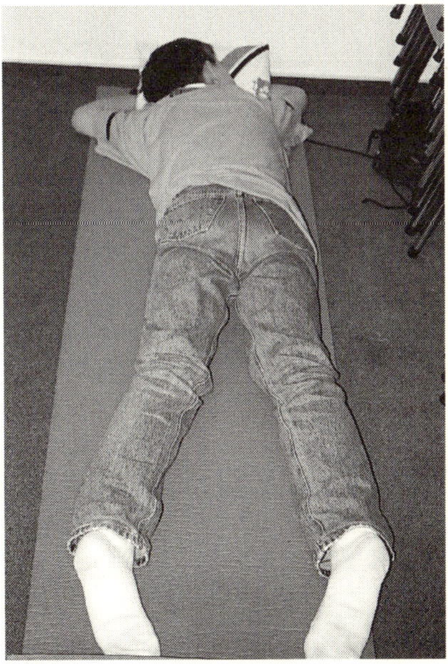

Die Übung:
Du liegst bequem auf deinem Platz. Durch deinen Atem wirst du immer entspannter. Mit jedem Ausatmen wirst du immer schwerer.

Oft steht das Glück direkt neben dem Unglück. Es fehlt nur ein wenig, um dorthin zu gelangen, wo es dir wieder besser geht. Die täglichen Dinge des Lebens wieder mit anderen Augen sehen zu können.

Entscheide nun einmal spontan: Welche Farbe ist für dich mit dem Gefühl von Glück und Freude verbunden? Die sonnige gelbe Farbe der Sonne ... das Blau des Himmels? Gehe vielleicht einen Augenblick in eine Situation hinein, in der du sehr glücklich warst. Schaue, ob die Farbe stimmt ... Welche Farbe hat die Traurigkeit? Sind irgendwo in deinem Körper Bereiche mit der Farbe der Trauer? Stelle dir vor, die Farbe fließt ganz einfach mit jedem Ausatmen aus deinen Füßen heraus ... In großen breiten Strömen aus deinen Füßen heraus ... *30 Sekunden*

Gleichzeitig, wenn diese dunkle Trauerfarbe herausströmt, laß mit dem Einatmen durch deinen Mund, durch die Nase, durch alle Poren, die Farbe des Glücks hineinströmen. Spüre, daß die Farbe des Glücks dich erfüllt ... alle Zellen des Körpers durchfließt. Spüre auch, wie die Farbe des Glücks durch deine geschlossenen Augenlider fließt, durch deine Augenhöhlen, wie die Farbe durch dein Gehirn strömt, die restlichen Schatten und Tupfer von Trauer, die vielleicht noch in einem Winkel versteckt waren, wegspült. Deine Glücksfarbe fließt über dein Gesicht ... löst alle Spannungen, die die Trauer dort vielleicht hinterlassen hat. Fühle, wie die Glücksfarbe durch deine Arme fließt ... das Glück. Die Arme fühlen sich leicht und frei an ... deine Schultern leicht und frei ... Alle Last der Trauer – einfach weggespült. Weiter strömt die Glücksfarbe, das Glück in deinen Bauch ... deinen Po ... deine Beine. Die Glücksfarbe strömt weiter bis in deine Zehenspitzen ... geht über deine Poren hinaus ... umhüllt dich wie eine Eierschale oder wie ein Kokon der Seidenraupe. Die Farbe schützt und erfüllt dich.

All dein Denken und Fühlen ist erfüllt davon ... Spüre, was sich verändert hat.

Nimm einen tiefen Atemzug. Recke und strecke dich. Öffne deine Augen, du bist entspannt und erfrischt.

Reich sein – arm sein

Alter: ab ca. 10 Jahren
Dauer: je Übung ca. 5 Minuten
Ziel: Besinnen auf menschliche Werte, Familienzusammenhalt, verbessertes Erforschen der eigenen Fähigkeiten.

Wie wichtig sind den Kindern heute „Dinge", die Reichtum signalisieren? Markennamen bestimmen über Zugehörigkeit, signalisieren „Reichtum". Kleidung ist schon im Grundschulalter Abgrenzung – das Prahlen mit Papas Nobelkarosse setzt dann das Highlight. Immer mehr Kinder, die „dazu" gehören wollen, von Haus aus aber nicht so betucht sind, werden so zu Ladendieben. ***Ein Mädchen*** *berichtete uns im Gruppengespräch nach dieser Übung, ihr Vater sei Direktor einer großen Firma, er hätte seit ihrer frühen Kindheit kaum Zeit für sie und die Familie gehabt, sei selten zu Hause.*

Geld sei nie ein Thema gewesen, aber eine Familie? Ihr Fazit: lieber weniger Geld, ein kleineres Auto, keine Traumvilla mit Pool, um die alle sie beneiden, sondern eine ganz normale Familie.

Reich sein – arm sein …
Sind die Kinder heute tatsächlich so „scharf" auf Geld, wie es ihnen oft nachgesagt wird? Die folgende(n) Übung(en) bringen im ***anschließenden Gespräch*** häufig Überraschungen.

Die Übung: Reich sein …

Dein Atem geht tief und gleichmäßig, du kannst spüren, daß dein Atem ganz von alleine fließt, … ein … und aus, … ein … und aus … Dann stelle dir einmal vor, dein ganzes Leben verändert sich. Du bist auf einen Schlag ganz reich … hast eine Riesenmenge Geld. Spüre einen Augenblick lang, wie es sich anfühlt, so reich zu sein. Was tust du zuerst mit deinem Reichtum? … Oder läßt du alles beim alten? Gibt es etwas Wichtiges, was du erledigen möchtest, mit dem vielen Geld? … Etwas, was du ohne dieses Geld nicht könntest oder glaubst, es nicht tun zu können?

Was ändert sich in deinem Leben durch das viele Geld? Hat das mit dem vielen Geld nur Vorteile oder auch Nachteile, vielleicht sogar mehr Nachteile als Vorteile? Oder umgekehrt? Oder ist es ausgeglichen? Was glaubst du? … Spüre einmal in dich hinein. Gibt es vielleicht Dinge, die sich in deiner Familie oder in deiner Umgebung verändern durch das viele Geld? … Welche Situationen oder Dinge verbessern sich? … Was verschlechtert sich? …

Dann kehre wieder zurück in deinen Alltag, hier und jetzt in diesem Raum.

An dieser Stelle kann aufgehört werden.

Dann soll die Rückholformel gesprochen werden:

Beginne dich zu recken und zu strecken, nimm einen tiefen Atemzug, du bist hellwach, vollkommen entspannt, öffne *jetzt* deine Augen.

oder,

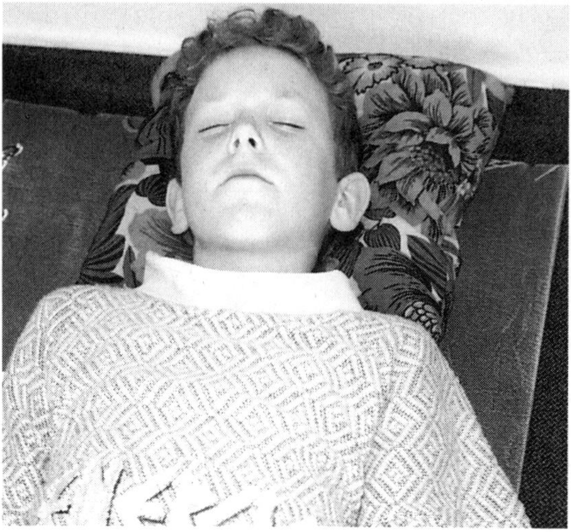

Die Übung: Arm sein ...

Ruhig und entspannt geht dein Atem, läßt dich immer schwerer und entspannter sein ... Spüre mit jedem Ausatmen, wie du immer tiefer entspannst ... *30 Sekunden*

Dann stelle dir (jetzt) vor, du hast alles Geld verloren, bist arm wie eine Kirchenmaus. Fühle einmal, wie es ist, so arm zu sein ... So arm, daß dir nichts mehr gehört, außer den Kleidern, die du auf dem Körper trägst ...

Stelle es dir vor und fühle in dich hinein, was sich für dich ändert ... Wie fühlt es sich an, so arm zu sein? ... Was geschieht in deiner Familie ... Gibt es etwas, was sich dort verbessert hat? Oder etwas, was sich verschlechtert? ... Gibt es vielleicht eine Eigenschaft in dir, die sich dadurch erst entwickelt? ... Was tust *du*, um etwas zu verändern? Wie hilfst du deiner Familie? Laß deine Phantasie spielen ... Erinnere dich auch noch einmal an die Situation in der Familie ...

Dann löse dich langsam von den Bildern, verabschiede dich vom Geschehen und kehre wieder zurück in diesen Raum.

Achtung:
nur vorlesen, wenn beide Übungen gemacht wurden:
Spüre noch einmal in die Situation hinein, als du reich bist, so unendlich reich ... Welche Vorzüge gibt es? Welche Nachteile? ...

Rückkehrformel:
Beginne dich zu recken und zu strecken (wie eine Katze am Morgen), nimm einen tiefen Atemzug, du bist hellwach, vollkommen entspannt, öffne *jetzt* deine Augen.

Meine Erfahrung:
Jüngere Kinder wollen lieber über das Erlebte reden. Größere Kinder/Jugendliche können ihre Eindrücke häufig recht gut in schriftlicher Form mitteilen. (Ein gutes Aufsatzthema)

Jahreszeiten

Alter: ab ca. 10 Jahren
Dauer: je Übung ca. 5 Minuten
Ziel: Bewußt Natur und sich selbst wahrnehmen. Lernen mit allen Sinnen ... innere Harmonie.

Die Übung: Frühling

Dein Atem wird immer gleichmäßiger ... Dein Körper ist entspannt. Falls noch ein Gedanke da ist, schicke ihn einfach mit der kleinen weißen Wolke auf die Reise ...

Stell dir vor, du verläßt den Raum. Es ist gerade Frühling. Schnuppere, welche Gerüche dich umgeben ... Blumen riechst du und Erde. Sie riecht im Frühling besonders stark. Vielleicht kannst du sehen, wie die ersten Blüten aus der Erde sprießen. Kennst du die Namen einiger Frühlingsblumen? ... Tiere sind aus dem Winterschlaf aufgewacht ... Lausche dem Zwitschern der Vögel. Sie loben den Frühling und freuen sich über die Sonnenstrahlen. Vielleicht kennst du einige Vogelstimmen? ... Spüre wie sich die Luft im Frühling anfühlt ... *30 Sekunden*

Verabschiede dich dort, kehre in diesen Raum zurück. Nimm einen tiefen Atemzug, recke dich, strecke dich, öffne deine Augen. Du bist hellwach und wunderbar entspannt.

Die Übung: Sommer

Dein Atem ist ruhig und gleichmäßig ... Du bist angenehm entspannt. Falls noch ein Gedanke da ist, schicke ihn einfach mit der kleinen weißen Wolke auf die Reise ...

Stelle dir vor, es ist Sommer. Du bist auf einer herrlich blühenden Wiese ... Die Luft riecht süß. Schnuppere einmal den köstlichen Sommerduft ... Schau dir die Farben der blühenden Blumen an ... Träge Hummeln brummen durch die Luft ... Hörst du das eintönige Zirpen der Grillen? ... Der kleine glitzernde Bach spendet dir eine Handvoll erfrischendes, kühles Wasser ... An dornigen Zweigen hängen köstlich süße, leuchtendrote Himbeeren. Spüre die Sommerluft auf deiner Haut ... *30 Sekunden*

Verabschiede dich dort, kehre in diesen Raum zurück. Nimm einen tiefen Atemzug, recke dich, strecke dich, öffne deine Augen. Du bist hellwach und wunderbar entspannt.

Die Übung: Herbst

Du atmest ruhig und gleichmäßig ... Mit jedem Ausatmen bist du noch entspannter ... Falls noch ein Gedanke in deinem Kopf ist, schicke ihn einfach mit der kleinen weißen Wolke auf die Reise ...

Stelle dir vor, es ist Herbst. Du machst einen Spaziergang ... Schau dir die bunten Blätter an den Bäumen an ... Ein plötzlicher Windstoß wirbelt eine Blätterwolke hoch in die Luft ... tanzend wirbeln und schweben sie wieder herab ... Am Himmel siehst du die Zugvögel dahinziehen ... Hörst du ihre Rufe? Aus der Ferne ziehen schwere Regenwolken heran ... Die Brombeersträucher sind schwarz voll süßer, reifer Beeren. Vielleicht magst du ein paar Beeren probieren ... Spüre, wie die Herbstluft sich anfühlt ... *30 Sekunden*

Verabschiede dich dort, kehre in diesen Raum zurück. Nimm einen tiefen Atemzug, recke dich, strecke dich, öffne deine Augen. Du bist hellwach und wunderbar entspannt.

Die Übung: Winter

Du atmest ruhig und gleichmäßig ... Mit jedem Ausatmen bist du noch entspannter ... Falls noch ein Gedanke da ist, schicke ihn einfach mit der kleinen weißen Wolke auf die Reise ...

Stelle dir vor, es ist Winter. Der Himmel ist klar und blau ... Die Sonne schimmert silbern blaß, wie eine Wintersonne eben aussieht ... Eine Schneeflocke landet gerade auf deiner Nasenspitze, und du spürst, wie sie dort prickelnd zerschmilzt ... Die Luft ist klar und kalt, du bist warm und sicher angezogen, spürst den warmen Schal an deinem Hals ... Heiser krächzen die Krähen auf den Bäumen ... Der Schnee unter deinen Füßen ist weich und zart wie Watte. Die Bäume sind von glitzerndem Reif überzogen. Riechst du die klare Schneeluft? ... Spüre, wie die kalte Luft in deine Lungen hineinströmt, dein Kopf immer klarer wird ... *30 Sekunden*

Der Schnee glitzert, wie unzählige Edelsteine. Gerade ist ein Greifvogel aus der Höhe herabgestürzt, um sich eine Maus zu fangen ... aber die Maus ist schneller. Blitzschnell mit zitterndem Schnurrbart ist sie in die Höhlung eines Baumes gehuscht. Behutsam gehst du näher heran ... sieh sie dir an, die winzige Maus, mit ihren schwarzen, glänzenden Augen und ihren zitternden Barthärchen ...

Verabschiede dich dort, kehre in diesen Raum zurück. Nimm einen tiefen Atemzug, recke dich, strecke dich, öffne deine Augen. Du bist hellwach und wunderbar entspannt.

Im Zauberwald

*„**Genießen erlaubt**" kann hier das Leitmotiv sein. Wie nach einem Kurzurlaub ist die Lust auf den Alltag wieder da. Unsere Ressourcen sind wieder aufgetankt. Motivation und Leistungskraft steigen, wir sind wieder „geerdet".*

Alter: ab ca. 10 Jahren
Dauer: ca. 20 Minuten
Es kann auch jeweils ein Teil der Übung angewandt werden, z. B. nur die „Heilwasser-" oder die „Baum-Erdungsübung".
Ziel: 1. „Reinigung" (von unangenehmen Gedanken, Krankheiten, Spannungen) 2. „Erdung": neue Energie gewinnen.

Die Übung:

Machs dir so richtig bequem auf deinem Platz, vielleicht magst du ein kleines Kissen unter deinem Kopf, oder möchtest dich in deine Lieblingsdecke kuscheln. Rücke dich, wenn nötig, noch ein letztes Mal zurecht. Nun schließe deine Augen. Laß deinen Atem fließen, ... ruhig und gleichmäßig ... *30 Sekunden*

Laß deinen Körper immer schwerer werden auf der Unterlage, ... vielleicht spürst du, daß du ein wenig einsinkst, mit jedem Ausatmen ... Alles um dich herum ist vollkommen ... unwichtig.

Stelle dir nun einmal vor, du befindest dich in einem Wald ... Viele Dinge sind dort anders, als in einem gewöhnlichen Wald.

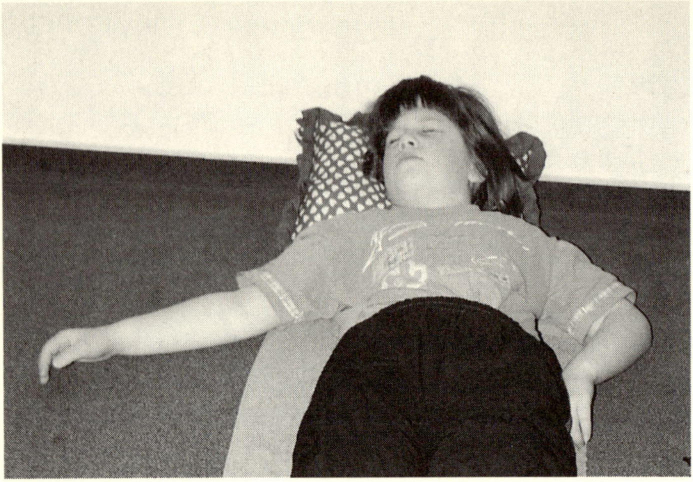

Die Blätter der Bäume sind aus zartem, farbigem Glas. Mit jedem Windhauch klirren die Blätter leise, als würden kleine Glocken klingen ... Du gehst weiter in den Zauberwald hinein ... Mit jedem Schritt, den du gehst, nimmst du einen anderen Duft wahr, ... angenehme, wohlige Düfte ... Angenehm mild spürst du die Luft um dich herum.

Aus einiger Entfernung hörst du das Rauschen von Wasser und gehst näher in die Richtung, aus der es zu kommen scheint ... Nun bist du an einem ruhigen, sonnigen Platz, einer sonnendurchfluteten Lichtung angekommen ... Ein goldener Wasserfall fließt von einem Felsvorsprung nach unten in ein natürliches Becken, in dem das goldene Wasser aufgefangen wird ... An einer anderen Stelle läuft es wieder ab, als Bächlein ... Du bekommst das Verlangen, dich unter diesen goldenen Wasserfall zu stellen, denn da gibt es eine Stimme, die dir sagt: „Dieser Wasserfall hilft dir mit seinem Heilwasser, alle Spannungen aus deinem Körper, aus deiner Seele fortzubekommen." ... Du stellst dich unter diesen goldenen Wasserfall und kannst spüren, wie seine ruhige, kraftvolle Energie über deinen Körper fließt, ... und durch deinen Körper strömt ... wie sein goldenes Licht, überall, wo es herfließt, dich reinigt und entspannt ... Das goldene Heilwasser strömt über dein Gesicht und durch den Kopf, ... durch beide Gehirnhälften. Es erfrischt und entspannt deine Augenhöhlen und Augen ...

Es hinterläßt Frische und Klarheit in deiner Stirn und den Schläfen, mit einem Hauch von Pfefferminz-Kühle ... Weiter fließt und strömt dieser goldene Wasserfall über deine Schultern und deinen Oberkörper ... durchfließt und entspannt deine Kehle ... reinigt und entspannt alle Organe deines Brustkorbes ... durchfließt und entspannt dein Herz ... ruhig und gleichmäßig ist dein Herzschlag ... strömt weiter durch die Lungen. Sanft und gleichmäßig geht dein Atem ... Fließt den Rücken hinunter und hinterläßt dort ein wohlig-warm entspanntes Gefühl ... – Nun fließt das Heilwasser weiter in deine Arme ... Beide Arme sind jetzt angenehm schwer und warm ... Es strömt aus deinen Händen heraus, nimmt alle Spannungen, alle Sorgen mit sich fort, aus deinem Körper heraus.

Du kannst spüren, überall dort, wo das goldene Wasser hergeflossen ist, bleibt der Körper angenehm warm und entspannt ... *30 Sekunden*

Er fließt weiter, dieser goldene Wasserfall – in deinen Bauch, ... in deinem Magen spürst du sie auch, die wohlige, angenehme Wärme ... Das goldene Wasser fließt weiter über deinen Po, in deine Beine und Füße um auch dort alle restlichen Spannungen fortzuspülen ... *30 Sekunden*

Weiter strömt das goldene Wasser um dich herum, – erfüllt dich von innen – umspült dich von außen – umhüllt dich – gibt dir Ruhe und Kraft. Laß dich durchfließen, laß dich verwöhnen ... *30 Sekunden*

Du kannst in Zukunft, wann immer du den Wunsch spürst, ... dich verwöhnen lassen und entspannen, durch diesen ganz besonderen Wasserfall. Wenn du unter der Dusche stehst, kannst du dir ebenfalls vorstellen, es ist goldenes Heilwasser. Bedanke und verabschiede dich dort beim Wasserfall, und mach einen Schritt heraus. Der goldene Schein bleibt weiter um dich herum, ... gibt dir Schutz und Ruhe für deinen Alltag. Immer, wenn du daran denkst, wird er von Mal zu Mal kraftvoller.

Gehe nun weiter in den Wald hinein und schau dich um, was es dort alles zu sehen gibt, ... achte einmal auf die Geräusche um dich herum ... Du gehst weiter, bis du an eine Stelle kommst, wo wundervolle, kraftvolle Bäume stehen – alle im Kreis. Während du sie dir anschaust, spürst du auf einmal den Wunsch, zu ihnen zu gehören. Ein Baum zu sein, deine Wurzeln in die Erde zu senken, deine Krone in den Himmel zu strecken ... Stelle dir vor, wie aus deinen Füßen Wurzeln wachsen, ... Wurzeln, die tief in den Boden hineinreichen ... Wurzeln, die dir Kraft geben ... Kraft und Energie, die tief aus der Erde kommt. Du ziehst die Energie, die Nahrung mit deinen Wurzeln aus der Erde ...

Ein anderer Teil der Wurzeln wächst netzartig, dicht unter der Oberfläche ... Kraft und Halt in der Erde ... Spürst, wie stabil und sicher du dort stehst, ... du als Baum ... Die Nahrung aus den Wurzeln steigt auf in den Stamm des Baumes, in die Äste, in die Zweige und in die Krone, die der Kopf ist ... Spüre, wie diese Kraft dich erfüllt, machtvoll und dennoch sanft. Laß dann die Energie der Krone sich mit dem Himmel verbinden, der über dir ist, in diesem unbeschreiblichen Blau ... Vielleicht ist dir schon jetzt bewußt, daß diese Energie endlos so weiterfließt ... Genieße noch einen Augenblick diese Kraft ... *30 Sekunden*

Dann löse dich langsam von den Wurzeln, ... von der Krone ... Spüre deinen Körper, kraftvoll und entspannt, kehre langsam den Weg zurück, den du gekommen bist. Kehre allmählich in diesen Raum zurück. Mit jedem Einatmen wirst du immer wacher. Ich zähle jetzt bis 5, bei der Zahl 5 öffne deine Augen, du bist dann hellwach, vollkommen entspannt und fühlst dich sehr wohl.

Eins, zwei, drei, vier, fünf, du bist jetzt hellwach, vollkommen entspannt und fühlst dich sehr wohl. Recke und strecke dich, vielleicht magst du noch einen Augenblick mit geöffneten Augen dort liegenbleiben, auf deinem Platz in dem Raum, wo die Reise begonnen hat.

Frisch und munter

Alter: ab ca. 10 Jahren
Dauer: ca. 5 Minuten
Ziel: Auftanken, z. B. in Streßsituationen, auch während/nach einer (längeren) Erkrankung, zwischendurch im Unterricht, daheim vor den Hausaufgaben u.v.a. mehr.

Die Übung:
Die folgende Übung macht frisch und munter. Entspanne dich. Atme ein und merke, wie die Luft in deinen Körper einströmt. Wie sie sich in deinem gesamten Körper ausdehnt ...

Nun stelle dir das Meer vor mit dem gleichmäßigen Rhythmus der Wellen ... Dein Atem wird immer ruhiger und gleichmäßiger ... Ruhig und gleichmäßig strömt dein Atem ein ... und aus ... Die Sonne scheint warm auf dich herab. Atme ihr orange-goldenes Licht in deinen Körper hinein ... Du wirst bei jedem Einatmen ruhiger und entspannter, gleichzeitig immer wacher und frischer. Das Licht verleiht dir Freude und Kraft. Du merkst, wie die orange-gelbfarbene Sonne ihr Licht durch deinen ganzen Körper ausbreitet. Spüre die angenehme Wärme und Freude, die mit dieser Farbe verbunden ist. Atme weiter ... atme die orangefarbene Sonne in deinen Körper hinein ... Vielleicht riechst du gerade in diesem Augenblick den frischen Duft einer Orange oder den Geruch des Meeres. Atme noch eine Weile mit dieser Vorstellung weiter ... *ca. 10 Sekunden*

Verabschiede Dich nun von dem orangefarbenen Licht.
Nimm einen kräftigen Atemzug, recke und strecke dich, öffne deine Augen. Du bist herrlich erfrischt.

Vorstellungskraft

Alter: ab ca. 10 Jahren
Dauer: ca. 5 Minuten
Ziel: Die Kraft der Vorstellung einsetzen können, positive Bilder integrieren und nutzen.

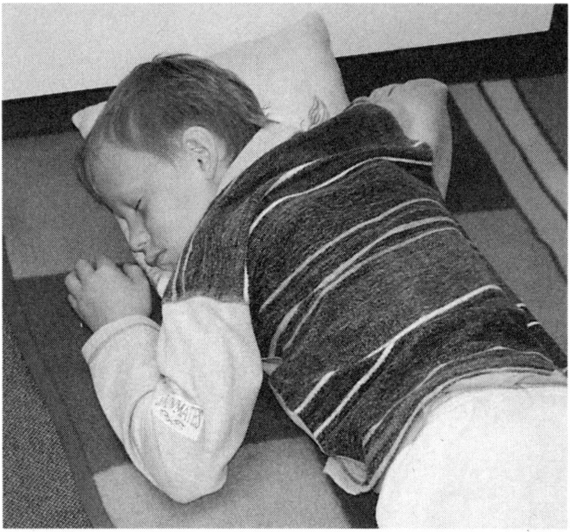

Die Übung:
Richte deine Aufmerksamkeit wieder auf deinen Atem. Wir werden jetzt einmal ein Experiment machen mit deiner Vorstellungskraft.

Denke an etwas, was du tun möchtest, bisher aber der Meinung warst, du seist dazu nicht in der Lage. Du seist vielleicht zu klein ... oder zu schwach ... seist vielleicht nicht intelligent genug oder irgendein anderer Grund. Stelle dir das, was du tun möchtest jetzt einmal vor. Vielleicht hilft es dir, wenn du deine Person veränderst. Du möchtest vielleicht wenn es um deine Körperkraft geht, ein starker, großer Bodybuilder sein. Wenn es um deine Schlauheit und dein Denken geht, stelle dir einen Menschen vor, den du sehr bewunderst wegen seiner Intelligenz. Versetze dich mit deinen Gedanken in diese Person hinein ... Spüre, wie diese Person sich fühlt ... wie sie denkt ... und wie sie an der Situation, an die Probleme herangeht. Die andere Person beginnt nun mit der Aufgabe. Schaue genau dabei zu. Spüre, wie es sich anfühlt, diese Person zu sein und das zu tun ... Schaue auch hin, wie die Person aussieht, während sie das tut ... Sieht sie entspannt und heiter aus dabei? ... Was meinst du? ... Dann, schaue dir das Ergebnis an ... Du hast diese Aufgabe gemeistert. Spüre noch einen Augenblick, wie es sich anfühlt, die Aufgabe gemeistert zu haben ... *30 Sekunden*

Beginne dich zu recken und zu strecken. Öffne deine Augen. Was hat sich geändert?

Kathrin hatte sonst immer schreckliche Angst vor Reitturnieren und hat es diesmal, indem sie in eine andere Person hineingeschlüpft ist, ganz ruhig geschafft. Sie hat den 3. Platz gemacht und war damit zufrieden. Kathrin ist 10 Jahre alt.

Adlerflug

Alter: ab ca. 12 Jahren
Dauer: ca. 8 Minuten
Ziel: Dinge einmal aus einem ***anderen Blickwinkel*** betrachten. Bewußtsein und ***Wahrnehmung*** für die Natur ***erweitern*** bzw. öffnen. Die Kraft der Stille erkennen.

Die Übung:
Machs dir ganz bequem … Dein Atem wird immer ruhiger und gleichmäßiger. Verlasse nun diesen Raum.

Eine weite Winterlandschaft, blauer, klarer Himmel.

Du stehst auf einem Feld, die Stoppeln des Getreides ragen oben aus der Schneedecke heraus … Genieße die klare, kalte Luft … Du spürst, wie auch deine Gedanken immer klarer werden, an diesem ruhigen Ort … Hoch über dir, am Himmel gleitet ein großer Vogel und zieht seine Kreise. Sehnsüchtig schaust du nach oben … Mit einem Mal spürst du, wie du von unsichtbaren Händen getragen immer höher nach oben steigst … Du breitest deine Arme aus. Augenblicklich beginnst du zu schweben …

Hier in der unendlichen Ruhe gefällt es dir gut … Mit den Augen des Adlers kannst du alles, was unten auf der Erde geschieht, beobachten … Menschen, die hektisch über die Straßen laufen. Dort ein Hase. Er hoppelt quer übers Stoppelfeld. Spüre die herrliche Ruhe … Es ist, als ob die Zeit stillsteht … *30 Sekunden*

Auf einmal weißt du, daß alle Dinge, die getan werden wollen, getan werden müssen, … in Ruhe und mit guten

Gedanken ... gelingen, noch besser gelingen. Dein Kopf ist klar in der Ruhe des Himmels ... *30 Sekunden*

Spüre die Ruhe, mit der du deine Kreise ziehst ... siehst den anderen Adler majestätisch und kraftvoll seine Kreise ziehen. Einen Augenblick kommt ihr euch ganz nahe, ... eure Kreise überschneiden sich. Du siehst in seine Augen, entdeckst darin seine natürliche Kraft und Stärke ... Ziehe noch einen Augenblick deine Kreise, ... *30 Sekunden*

Dann kehre langsam zurück, auf deine Weise. Im Sturzflug, oder langsam tiefer gleitend ... *30 Sekunden*

Du liegst wieder auf deinem Platz. Recke und strecke dich, nimm einen tiefen Atemzug, öffne deine Augen. Du bist hellwach, vollkommen entspannt.

Mein Kraftplatz

Alter: ab ca. 12 Jahren
Dauer: ca. 30 Minuten
Ziel: Innere Sicherheit und Stärke. In Krisensituationen Abstand nehmen können. Und einfach zum Wohlfühlen.

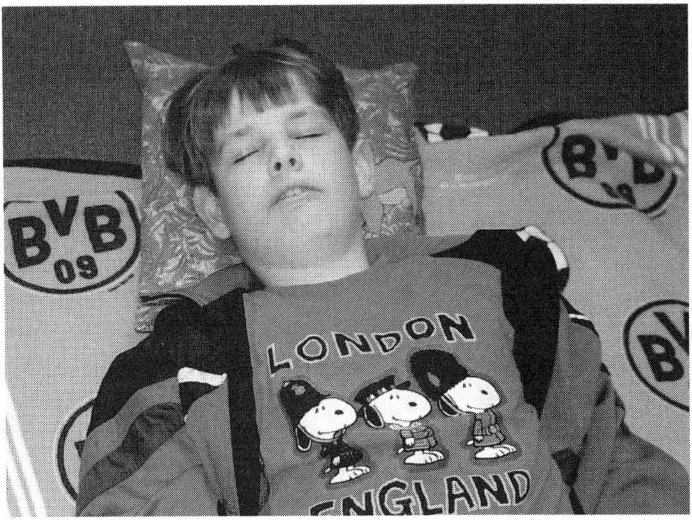

Die Übung:
Machs dir bequem, leg dich auf dein Bett oder auf den Boden. Vielleicht benötigst du ein kleines Kissen unter dem Kopf. Eine Wolldecke wäre sicherlich auch gut. Lege dich auf den Rücken, deine Beine ausgestreckt, die Arme entspannt neben dem Körper. Du spürst die Schwere deines Körpers auf dem Boden …

Spüre einmal in die Rückseite deines Körpers ... An welchen Stellen hat dein Körper besonders innigen Kontakt mit dem Boden, der Unterlage?

Du spürst deinen Atem, wie er ein ... und aus ... geht, ein ... und aus ... Gehe mit deiner Aufmerksamkeit noch einmal in die Rückseite deines Körpers hinein und stelle dir einfach einmal vor, daß du mit jedem Ausatmen in die Unterlage hineinsinkst ... *30 Sekunden*

Du spürst dein Herz, wie es ruhig und gleichmäßig seinen Rhythmus schlägt ... und falls deine Augen noch geöffnet sind, schließe sie jetzt oder in ein paar Minuten ...

Du kannst vielleicht schon spüren, daß dein Körper schwer und entspannt auf der Unterlage liegt, ... deine Beine schwer und entspannt, ... deine Arme schwer und entspannt, ... auch dein Kopf ...

Beginne zuerst einmal, deine Kopfhaut zu entspannen ... deine Kopfhaut ist jetzt vollkommen entspannt. Mit jedem Ausatmen ein Stück mehr Loslassen fällt jetzt immer leichter ... deine Stirn entspannt und gelöst und du kannst ihn spüren, diesen angenehmen, kühlen Hauch auf der Stirn, fast so, wie Pfefferminze ... und falls einmal ein Gedanke kommt, so laß ihn wie eine kleine weiße Wolke am Himmel dahinziehen ... Ganz einfach loslassen ... Du kannst spüren, wie sich deine Entspannung fortsetzt, in die Augenhöhlen ... die Augenlider entspannt ... dein Unterkiefer entspannt ... deine Zunge liegt locker im Mundboden. Mit jedem Ausatmen ... dein Körper immer gelöster und entspannter ... dein Nacken mit jedem Ausatmen immer entspannter. Wohlige Wärme dort. Deine Kehle entspannt ... dein Schultergürtel ... deine Schultern, die schon so vieles getragen haben ... und der Rücken ... Mit jedem Ausatmen immer mehr loslassen ... dem Boden, der Unterlage entgegen. Vielleicht spürst du die Wärme schon jetzt oder in ein paar Sekunden, wie sie sich in deinem

Rücken ausbreitet ... deinem Nacken, der angenehme Pfefferminzhauch auf der Stirn. Spüre die angenehm wohlige Wärme ... und weiter geht die Entspannung in deinen Brustkorb.

Deine Atemzüge werden noch ruhiger ... Dein Atem geht ein und aus ... ein und aus ... bis tief hinein in deinen Beckenboden. Vielleicht fühlst du schon jetzt, daß dieser Beckenboden, dieses Becken wie eine Schale ist, eine goldene Schale, in die der Atem hineinfließt ... Der Atem ist nehmen ... und geben ... nehmen ... und geben ... Jetzt stelle dir einfach einmal vor, du verläßt dieses Zimmer, in dem du liegst und begibst dich vielleicht in ein paar Sekunden an deinen Kraftplatz, deinen speziellen Ort der Entspannung ... zu dem nur du Zugang hast. Es kann ein Ort sein, den du bereits kennst. Vielleicht aus deinem Urlaub. Vielleicht ist es ein Ort, der in deiner Phantasie geschaffen wird. Es kann ein Ort sein hoch in den Bergen ... ein Ort sein, mitten in einem Wald ... oder irgendwo am Meer ... oder auf einer Insel. Ganz, wie ***du*** es möchtest, denn es wird ***dein*** Platz sein. Sieh dir die Landschaft an, in der du dich befindest, ... schau dir den Himmel an, mit seinem herrlichen Blau ... sieh dir die Pflanzen und Tiere an, die es dort gibt. Spüre die Luft auf deiner Haut ... die wärmenden Strahlen der Sonne ... spüre den Boden, die Erde unter deinen Füßen. Es kann weiches Moos sein ... oder warmer Sand ... Gehe ein paar Schritte und jetzt allmählich siehst du etwas ... es kann eine Höhle sein ... ein Holzhaus ... vielleicht ein Iglu ... etwas, das dir entspricht. ***Dein Refugium, dein Rückzugsort. Dein Ruhe- und Kraftplatz.***

Sieh dort alles genau an ... gehe näher heran ... Dann gehe herein. Behutsam ... Spüre die Atmosphäre, die Stimmung, die in diesem, deinem Raum herrscht. Ist dieser Raum hell, oder ist er dunkel? Wie sind die Wände beschaffen, wie der Boden? Gibt es dort Gegenstände, Möbel? Ist dort ein Ruheplatz? Du hast selbst die Möglichkeit, dir diesen Ort zu gestalten, wie **du** es willst ... Kannst deine Wände gestalten, wie du es magst, in einer Farbe, einem Material, das dir gefällt ... Du kannst das Licht verändern, ein wenig dunkler oder ein wenig heller ... Spüre den Boden deines Raumes unter deinen Füßen. Ist er hart oder weich? Warm oder kalt? Vielleicht kleidest du deinen Boden mit Fellen aus ... oder hast lieber weichen, warmen Sand ... Hier in diesem Raum ist alles möglich. Du kannst auch einen Baum wachsen lassen, inmitten des Raumes ... Du hast jede erdenkliche Möglichkeit, ihn zu gestalten, wie du es magst ... Ist der Raum ruhig oder hörst du irgend etwas? ... Auch dort hast du Möglichkeit, eine Korrektur vorzunehmen. Forme und gestalte es so, wie es für dich am angenehmsten ist. Vielleicht gibt es einen Geruch in deinem Raum, falls es keinen gibt, hast du die Möglichkeit, dir einen Duft zu schaffen, der dir besonders wohltut ...

Spüre einmal in dich hinein, wie es dir gefällt, dort ... mit deinem Duft ... deiner Gestaltung des Bodens und der Wände ... mit dem, was du hörst oder nicht hörst ... Wenn es dort etwas zu schmecken gäbe, welchen Geschmack kannst du dir vorstellen, um deinen Raum ***noch*** angenehmer zu gestalten? Falls es jetzt noch irgend etwas zu ändern gibt, eine Farbe hinzuzufügen oder fortzunehmen, so tue es. Vielleicht richtest du dir noch eine kuschelige Ecke ein ... oder es gibt irgendein Bild, das du dort haben willst ... Du bist jetzt vollkommen entspannt, in diesem, deinem Raum.

(nur lesen, wenn Entspannungsmusik im Hintergrund läuft) Genieße nun die Klänge der Musik. (ca. 3 Minuten)

Kehre nun langsam wieder zurück in dein Zimmer, wo die Reise begonnen hat, laß deine Atemzüge immer tiefer werden. Beginne dich zu recken und zu strecken und öffne deine Augen. Du bist wieder ***hellwach im Hier und Jetzt.***

Innere Mitte Hara

Alter: ab ca. 12 Jahren
Dauer: ca. 10 Minuten
Ziel: Auf sich selbst einstimmen. Inneren Ruhepunkt finden. Hervorragend wirksam bei Kindern, die sich schon als kleine Bruce Lee's sehen, und sich auch so aufführen, die *besessen sind* von Kung Fu (oftmals ein Zeichen dafür, daß sie besonders ausgeprägte Angst haben).

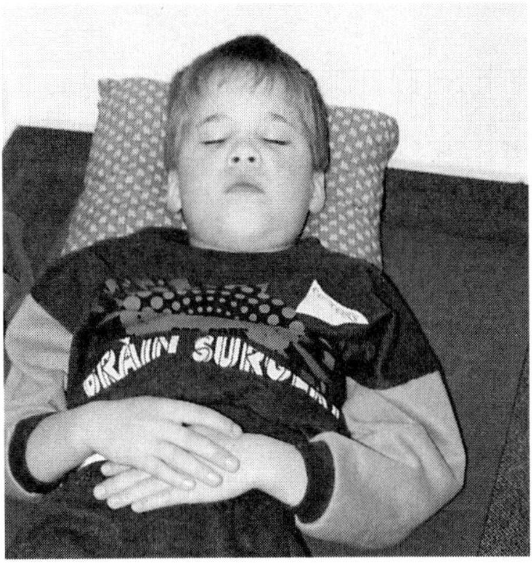

Die Übung:
Du liegst ganz entspannt, am besten auf dem Rücken. Mit jedem Ausatmen, mehr und mehr spürst du, daß dein Körper immer schwerer, ... immer entspannter wird ... *30 Sekunden*

In Asien wird in bereits sehr alten Kulturen von der „inneren Mitte" gesprochen. Sie sagen Hara dazu. Immer wenn du Angst hast, bist du außerhalb deiner inneren Mitte. Man sagt auch: Ich habe total neben mir gestanden. Wenn du wütend, zornig bist, befindest du dich auch außerhalb.

Erinnere dich einen Moment an eine solche Situation ... Spüre, wie du dich dabei fühlst ... *30 Sekunden*

Viele Menschen wissen gar nicht, wo ihre „innere Mitte" ist ... Du hast jetzt die Möglichkeit, deine zu spüren. Als kleiner Hinweis: Sie ist ungefähr da, wo dein Bauchnabel ist, aber ein kleines Stück tiefer, etwa drei Finger breit unterhalb des Bauchnabels.

Erinnere dich an eine Situation in der du dich sehr stark fühlst ... etwas, was dir aus eigener Kraft gelungen ist, ... vielleicht hast du im Sport besonders gut abgeschnitten, oder du hast einem Menschen geholfen ... wußtest in einer schwierigen Situation das Richtige zu tun ... Spüre in dich hinein, wenn du dich an die Situation erinnerst, versuche jene Stelle unterhalb des Bauchnabels ganz deutlich zu spüren ... *30 Sekunden*

Wie fühlt sich deine innere Mitte an ... Wie sieht sie aus? Ist sie klein oder groß, ... ist sie im Maß deines Körpers, oder geht sie darüber hinaus? Ist sie rund oder eckig? ... Ist sie still oder bewegt sie sich? ... Hat sie eine Farbe? ... Stell dir vor, deine Mitte ist wie ein Tor, in das du hineingehen kannst *wie* an einen Ort, den du entdecken willst ... Geh hinein und spüre, wie es sich anfühlt, dort drinnen zu sein. Fühlt es sich warm an oder eher kühl? ... Ist es laut oder still in deiner inneren Mitte? ... Gibt es einen Geschmack ... oder einen Geruch dort ... Ist es dort hell oder eher dunkel? ... Wenn das Licht dort drinnen eine *schöne*

Farbe hat, laß dich ganz von ihr durchströmen, deinen ganzen Körper. Genieße das Gefühl in deiner inneren Mitte ... *30 Sekunden*

Spüre die Kraft und die Ruhe, die in deiner inneren Mitte liegt ... Du kennst den Satz: **„In der Ruhe liegt die Kraft."**

Genieße noch eine Weile das angenehme Gefühl und stelle dir jetzt einfach einmal vor, wie es sich anfühlt, jederzeit, **immer** in diese innere Mitte hineinzukommen, ... zu jeder Zeit in deinem Leben ...

Dann verabschiede dich von diesem inneren Raum und wisse, daß diese ruhige Kraft zu dir gehört. **Du kannst entscheiden,** ob du ruhig bist, zornig oder ängstlich. **Du weißt** den Weg zur Ruhe ...

Beginne dich nun zu recken und zu strecken. Nimm einen tiefen Atemzug, öffne die Augen. Du bist hellwach in diesem Raum

Frage: (z. B.) *„Wie ist es in deinem Hara? ... Findest du wieder zurück?"*

Julia, 11 Jahre: „Ich habe den inneren Punkt gefunden und finde ihn auch wieder."

Kathrin, 11 Jahre: „Sie ging über den Körper hinaus. Sie war blau, ich glaube ich finde wieder hinein."

Karina, 9 Jahre: „... rot, ging über den Körper hinaus es war leise darin und warm, ich finde wieder hinein und habe mich wohlgefühlt dort."

Benni, 10 Jahre: „Sie ist grün, ist auch an dem Punkt gewesen, wo du gesagt hast. Es ist, als ob man in der Hitze der Wüste ist und dann gekühlt wird. Es hat mir gut gefallen darin, und ich finde wieder zurück."

Thomas, 10 Jahre: „Meine roch nach Efeu und ich finde wieder zurück."

Thomas, 11 Jahre: „Ganz weiß, hellgelb, – es ist schön da und ich finde zurück. Es ist leise darinnen."

Zerronnen …

Alter: ab ca. 12 Jahren
Dauer: ca. 5 Minuten
Ziel: Wenn Ereignisse, Fehler der Vergangenheit uns immer und immer wieder beschäftigen, rauben sie unsere Kraft, blockieren unsere Kreativität. Die Energie, die damit gebunden war, wird wieder freigesetzt und der sprichwörtliche „Stein" fällt vom Herzen.

Die Übung:

Manchmal quälen uns unangenehme Erinnerungen und beeinträchtigen unser ganzes Lebensgefühl. Du hast nun eine Möglichkeit, dich von diesen vergangenen Dingen zu verabschieden.

Stelle dir vor, du bist am Meer … Die Sonne scheint. Der Himmel ist herrlich blau … du gehst hinunter ans Wasser und läufst eine Weile im seichten Wasser, das gerade deine Fußsohlen umspült … Du blickst dich um und siehst, wie die Wellen immer wieder deine Fußspuren fortspülen … Nun beginnst du, alles, was dich schmerzt … belastet, was du bereust mit deinem Finger in den Sand zu schreiben … Jede neue Welle nimmt etwas davon mit sich fort … solange, bis alles davongespült ist … *30 Sekunden*

Kehre zurück in diesen Raum. Recke und strecke dich. Nimm einen tiefen Atemzug. Öffne deine Augen. Du fühlst dich angenehm leicht und frei.

Zaubern

Alter: ab ca. 12 Jahren
Dauer: ca. 8 Minuten
Ziel: Emotionalen Ballast „wegzaubern", positive Erlebnisse als mentale Unterstützung nutzen. Vorzüglich einsetzbar vor Hausaufgaben (mit denen die Kinder sich vielleicht gerade sehr schwertun) ... ich kann das nicht ... und vor Klassenarbeiten.

Die Übung:
Schaue einmal in dich hinein. Richte deine Aufmerksamkeit auf Probleme, die du vielleicht schon lange mit dir herumschleppst. Was dich ärgert, was dich traurig macht, wovor du dich vielleicht auch ängstigst. Dinge, derer du

dich schämst. Es kann eine schlechte Schulnote sein, eine Lüge, ein Streit mit deinem besten Freund oder der Freundin oder etwas ganz anderes. Schaue sie dir an ...

Laß die Bilder und Gefühle, eins nach dem anderen, an dir vorüberziehen ... spüre, wie du dich mit diesen Erinnerungen fühlst ... Auf einmal hältst du in der Hand einen Zauberstab. Zaubere nun all die Bilder und Situationen, die dich belasten fort.

Stell dir vor, die Bilder werden immer kleiner, ... blasser, ... der Zauberstab entfaltet seine magische Kraft. Alles, was dich vorher belastet hat, ist verschwunden. Atme einmal tief aus und gib vielleicht einen Seufzer von dir ...

Nun laß Situationen auftauchen, auf die du stolz bist. Versetze dich dort hinein ...

Gibt es etwas, was dich besonders glücklich gemacht hat ...? Vielleicht hast du eine Urkunde bekommen, ... eine besonders gute Schulnote, ... oder etwas ganz anderes, von dem vielleicht sogar niemand etwas weiß ... Erinnere dich in allen Einzelheiten ... an die Bilder und Gefühle ...

Suche dir nun die heraus, mit denen du dich am wohlsten, am stärksten fühlst ... Gehe nun dort hinein, erlebe und genieße diese wunderbare, angenehme Erinnerung. Erlebe alles jetzt noch einmal ...

Jetzt gebe ich dir zusätzlich eine kraftvolle Zauberformel, die dir in vielen Lebensbereichen hilft: „Positiv gedacht, ist schon halb gemacht ...“ Kehre langsam in diesen Raum zurück, gestärkt, von deinem positiven Erlebnis. Du kannst dich jederzeit daran erinnern, genau, wie an die Zauberformel. „Positiv gedacht, ...“ Strecke dich, nimm einen besonders tiefen Atemzug und öffne deine Augen. Du bist hellwach. Vollkommen entspannt in diesem Raum.

Anmerkung: vor Hausaufgaben, Prüfungen, Klassenarbeiten ruhig hin und wieder nur mal die Frage in den Raum stellen: „Wie hieß nochmal die Zauberformel ...?" (ohne dann belehrend den ganzen Satz zu sagen). Das soll reichen. Bitte keine „Überfütterung".

Einmalig

Alter: ab ca. 12 Jahren
Dauer: ca. 8 Minuten
Ziel: Selbstannahme und -akzeptanz.

Die Übung:

Mach dir einmal bewußt, daß jeder Mensch auf dieser Welt vollkommen ... einmalig ist. Vielleicht nimmst du „einmalig sein" eher in einer unangenehmen Form wahr. Dadurch, daß du dich getrennt fühlst von anderen Menschen. Du hast nun die Gelegenheit, die Chance, einmal alles aus einer anderen Sicht zu betrachten.

Stelle dir vor, du stehst vor einem großen Spiegel, inmitten eines freien Raumes ... Gehe einmal so nah an den Spiegel heran, daß du dich selbst gut betrachten kannst ... Stelle dich so, daß du deinen ganzen Körper deutlich erkennst ... Betrachte deine ganze Gestalt von oben bis unten ... Sieh und spüre, wie sicher und fest du mit beiden Füßen auf dem Boden stehst ... Gehe Stück für Stück immer näher an den Spiegel heran ... So nah, daß du die Poren in deinem Gesicht erkennen kannst ... Schaue dich an. Deine Augen, ... deine Haare, ... die Haut ... (Wenn du dort gerade viele Pickel hast, streue sorgfältig eine Prise goldenen Heilstaub darüber.) ... Sieh den Schwung deiner Augenbrauen und deine Wimpern ... Schaue dir deine Wangen an, ... deinen Mund, ... die Form deines Mundes, ... werde dir bewußt, daß du eine Persönlichkeit bist. Eine unverwechselbare, einmalige Persönlichkeit.

Du hast jetzt einen Zauberstab in der Hand. Er entfaltet seine Verwandlungskraft.

Alle Bilder verändern sich positiv. Betrachte dich mit den Augen der Freundschaft und Liebe, stolz und freudvoll. Sieh dich nun mit den Augen der Menschen, die **dich** lieben ...

Was gefällt dir am besten an dir? ... Laß dieses positive Bild-Gefühl groß werden in deinem Inneren. Atme Freude und Zufriedenheit tief in dich hinein. Behalte dieses positive Gefühl in deinem Körper. Verabschiede dich von deinem Spiegelbild. Kehre zurück in diesen Raum. Recke und strecke dich, nimm einen tiefen Atemzug, öffne deine Augen. Du bist hellwach in diesem Raum, fühlst dich wohl in deiner Haut, in deinem Körper.

Schüttel dich

*Jetzt wollen wir den müden Knochen mal auf die Sprünge helfen ... pardon, sie ans Schütteln kriegen (**für jede Altersgruppe).***

***Ihre Kinder (Sie selbst?) sind müde, lustlos, genervt, im Streß?** Wunderbar! Das werden wir jetzt ändern. Ich empfehle die **CD „Best of Percussion"** von **Guem et Zaka** (Lotus Records, Österreich) da geht die Post ab, oder wie die Kids heute sagen „voll cool". Noch etwas: Der „Sound" muß „voll aufgedreht" werden, sonst ist die ganze Angelegenheit „megaout" aber Vorsicht, daß die Boxen der Hifi-Anlage nicht durchknallen oder die Endstufen.*

Es setzt natürlich voraus, daß nebenan nicht gerade Mittagsschlaf gehalten wird etc. – also, abklären.

10–15 Minuten reichen schon aus, um anschließend fit wie ein Turnschuh zu sein, bar jeglichen Stresses. Jede(r) kann schütteln, hüpfen, Figuren tanzen, wie es ih(r)m gefällt. (Die Trommeln sind sehr inspirierend!)

Ziel: „Schüttele den Streß aus dir heraus". Wenn möglich, den ganzen Raum nutzen. „Du kannst schlabbern wie eine Gummipuppe, hüpfen wie ein Affe, dir vorstellen, daß alle Anspannung aus den Armen, von den Händen abgeschüttelt wird wie Wasser.

Eine tolle Variante:
die Kinder mit Freunden, die Erwachsenen mit dem (Ehe)Partner, wenn vorhanden

Stellt euch paarweise Rücken an Rücken aneinander (möglichst gleich groß). Die „Führung" übernehmen die Partner abwechselnd. Die Augen können geschlossen oder verbunden sein.

Dann erst die Musik einstellen. Die Partner(innen) sollten „aneinanderkleben". Einfühlungsvermögen wird gefördert und gefordert (zu wild geht's nicht!) Es macht unglaublichen Spaß. Ihr könnt euch nach vorne beugen, in die Hocke gehen, gemeinsam wieder hoch, eine(r) geht hoch, der (die) andere bleibt unten, laßt euch was einfallen ...

Spaß und Lachen sind hier garantiert.

Hast Du schon mal einen Baum umarmt?

Es ist schon einige Jahre her, Rebecca, unsere Tochter war etwa 4 Jahre alt. Wir machten einen kleinen Spaziergang. Auf den saftigen Wiesen stehen einige Büsche und Schlehenhecken. Im Frühling die goldgelben Himmelsschlüssel um die alten knorrigen Birnbäume.

Ich spürte, wie schon öfter in meinem Leben den Wunsch, einen der Bäume zu umarmen. Bisher war ich dabei immer alleine, aber ich dachte mir: Vielleicht will Rebecca es auch einmal versuchen. Behutsam berührte ich die rauhe Rinde.

Während der Umarmung stellte ich dem Baum meine stille Frage. Die Antwort kam klar und deutlich. Ich schwieg und behielt sie für mich.

Dann ging Rebecca zu diesem Baum. Andächtig umarmte sie ihn. Nach einer Weile löste sie sich – sah mich erstaunt an:

„Ich bin alt und müde und will meine Ruhe, das hat mir der Baum gesagt, Mama. Hat er dir auch etwas gesagt?“, war ihr Kommentar.

„Ja“, sagte ich, „auf meine Frage: ‚Baum, wie geht es dir?‘ habe ich die gleiche Antwort bekommen, wie du.“

Ist es denn ein Wunder ...?

Viele Eltern und Pädagogen werden es glauben, deren Kinder/Schüler Hilfe durch die Edu-Kinestetik und die dazugehörigen **BRAIN-GYM®**-Übungen erfahren haben. Die von Paul und Gail Dennison entwickelte Methode hat mich persönlich bereits überzeugt, als die Arbeit mit dieser Methode einem meiner Patientenkinder in dramatischer Weise half.

Marvin, 7 Jahre, ein bisher extrem agressives, hyperaktives, künstlerisch sehr begabtes Kind hatte in meiner Praxis bereits innerhalb weniger Wochen (mittels der klassischen Homöopathie) eine drastische Besserung seiner Unruhe und Aggressivität erreicht.

Was ihn noch sehr deutlich beeinträchtigte, war die massive Allergie gegen Tierhaare. Außerdem vermißte ich noch den Bereich der „Anteilnahme", wenn wir ein Gespräch führten. „Irgendwie" war er „noch nicht ganz da". Dies war auch den Eltern und der Lehrerin in gleicher Weise aufgefallen.

Da die Familie bereits in höchster Not zu mir kam, weil es in der Schule massiv kriselte, wollten wir jetzt, da wir schon so einen tollen Erfolg hatten, aufs Ganze gehen. Ich empfahl eine Sitzung bei einem Freund und Kollegen, der in dieser Technik ausgebildet ist. Ich wußte intuitiv, das würde den Durchbruch bringen.

Etwa 14 Tage später kam Marvin mit den Eltern in meine Praxis. Klare, ruhige Augen schauten mich an. Der sonst so helle, aber wirre Verstand war ruhig. Die Kommunikation lief so, daß deutlich wurde: Marvin ist voll da.

Die massive Katzenhaarallergie machte sich bereits einen Tag später kaum noch bemerkbar. Lediglich ein leichtes Kitzeln in der Nase stellte Marvin fest. Kein Augentränen und -brennen, kein Naselaufen und Niesen mehr. Auch die folgenden Besuche bei der Cousine und ihrer Katze verliefen einwandfrei.

Die Lehrerin war von der Gesamtveränderung sozusagen „von den Socken".

Ein weiteres Beispiel kann ich von mir selbst berichten. Als zwangsumerzogene Linkshänderin war ich in der Lage Auto zu fahren. Okay. Aber es klappte nur streßfrei mit Automatikfahrzeugen. Bei Schaltwagen war es für mich unmöglich, das „Oben und Unten" mit Kuppeln und Schalten auf die Reihe zu kriegen. Selbst der Gedanke an eine mögliche Fahrt verursachte Schweißausbrüche und Herzrasen bei mir.

Immerhin bin ich schon erheblich jenseits der „30" und war durch spöttische Bemerkungen der Umwelt frustriert. („Wie, du kannst nicht Schaltwagen fahren, unmöglich!" der Satz wurde jedesmal von einem mitleidsvoll-unverständigen Blick begleitet.)

Es ist jetzt etwa ein Jahr her, daß ich den Kollegen anrief. Er hatte – welch ein Zufall – auch prompt einen Termin frei für mich. Nach ca. eineinhalbstündiger Sitzung ging ich nach Hause.

Am nächsten Morgen erklärte ich meinem verblüfften Ehemann: „So, jetzt gibt es nichts mehr zu unken. Ab heute fahre ich unseren Schaltwagen."

Kein Einwand wie etwa: „Sollen wir nicht vorher nochmal üben?", konnte mich aus dem Konzept bringen. Ich war ein wenig aufgeregt, aber aus Vorfreude. Ich hatte etwas ganz Wichtiges gewonnen. Ich war in Balance – und bin es noch immer.

Eine kleine Auswahl der einfachen und in kurzer Zeit effizient durchführbaren Übungen können Sie den folgenden Zeilen entnehmen.

Mit diesen 5 **Energieübungen** beginnen meine Tochter und ich unseren Tag. Außerdem stehen sie als Einleitung des Entspannungstrainings bei meinen Gruppenkindern hoch im Kurs. Sie sind ein Teil der **BRAIN-GYM®** genannten Übungen. (insgesamt sind es 26. Bitte entnehmen Sie Literaturhinweise dem Anhang.) Sie sollen zügig, aber bewußt durchgeführt werden.

Und in der Tat, es ist wirklich eine „Gymnastik" fürs Gehirn. Überzeugt Euch selbst.

(Ich möchte an dieser Stelle auch dem VAK Verlag für seine freundliche Unterstützung danken.)

Alter: alle Altersgruppen
Gesamtdauer: etwa 5–10 Minuten (auch länger), je nach verfügbarer Zeit
Ziel: Harmonisierung, Konzentrationsförderung, Lernsteigerung, Fitwerden, Motivation, Ausgleich beider Hirnhälften, besser Lesen, Schreiben, Rechnen, Lösen von Lernblockaden und einiges andere mehr.

Überkreuzbewegung (siehe Foto)

Wir bewegen den rechten Arm zusammen mit dem linken Bein, den linken Arm gleichzeitig mit dem rechten Bein. So gehen, hüpfen oder tanzen wir mit Musik. Wir bewegen uns vorwärts, rückwärts und seitwärts, oder wir marschieren auf der Stelle. Es kommt darauf an, mit diesen Bewegungen immer wieder die Mittellinie des Körpers zu überqueren. Dazu ist es hilfreich, mit der Hand das gegenüberliegende Knie zu berühren. Wenn meine beiden Gehirnhälften auf diese Weise zusammenarbeiten, macht es mir Spaß, etwas Neues zu lernen.

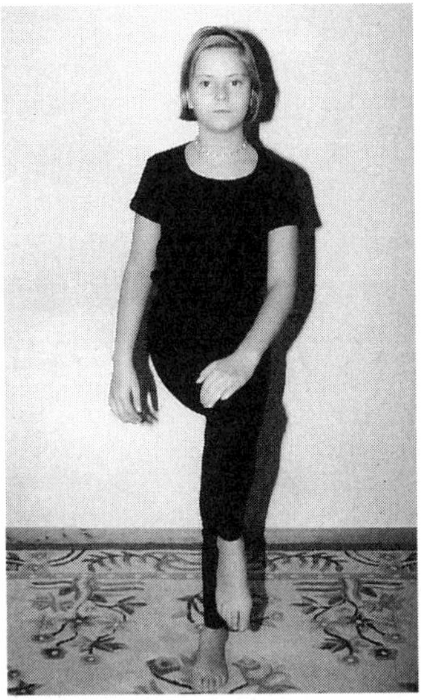

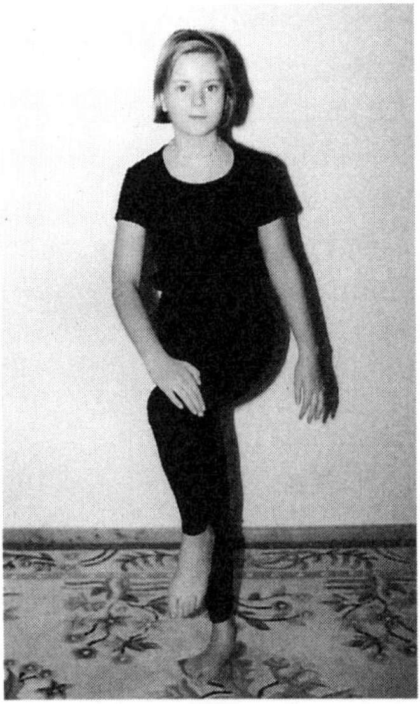

Gehirnknöpfe (siehe Foto)
Halte bei dieser Übung mit einer Hand den Bauchnabel. Reibe mit den Fingern der anderen Hand die beiden weichen Stellen rechts und links neben dem Brustbein, gleich unterhalb der Schlüsselbeine.

Eine Ergänzung zu dieser Übung: Während du deine Gehirnknöpfe reibst, stell dir an deiner Nase einen langen Pinsel vor und male damit eine Schmetterlings-Acht an die Decke (eine Acht, die wie ein Schmetterling in der Luft schwebt). Oder verfolge mit den Augen die Linie, an der sich Wand und Zimmerdecke treffen.

Erdknöpfe (siehe Foto)
Lege zwei Finger unter die Unterlippe und die Finger der anderen Hand auf den oberen Rand des Schambeins (ungefähr 15 cm unter dem Nabel). Laß beim Atmen Energie zwischen diesen beiden berührten Körperstellen aufwärtsströmen.

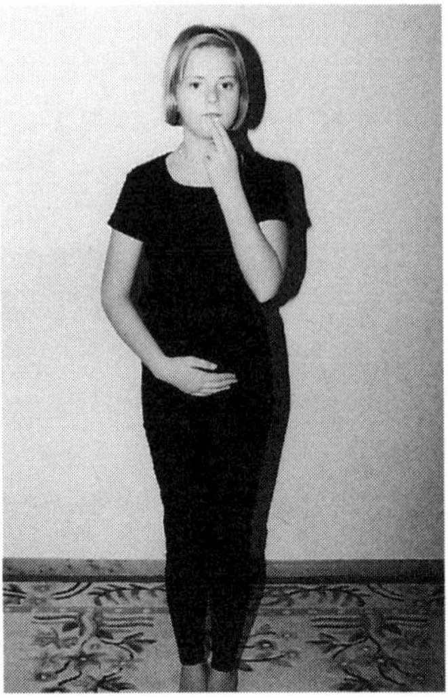

Raumknöpfe (siehe Foto)
Lege zwei Finger auf die Stelle oberhalb der Oberlippe, die andere Hand auf das Steißbein. Halte die Punkte eine Minute lang und atme dabei tief. Laß beim Einatmen die Energie an der Wirbelsäule hinauffließen.

Hook-ups (siehe Foto)

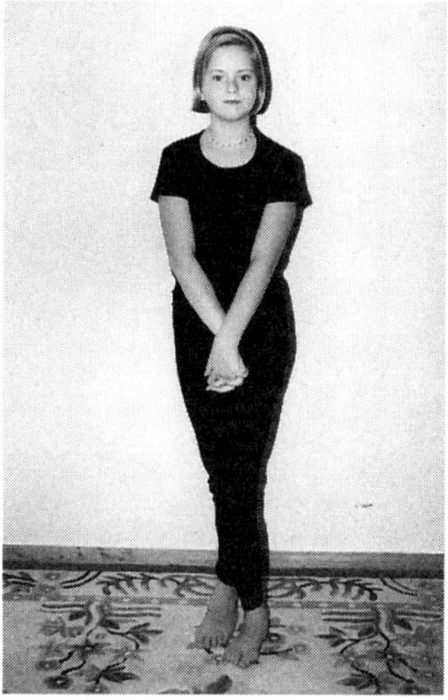

Teil 1: Lege zuerst deinen linken Fußknöchel über den rechten. Strecke die Arme nach vorne und lege das linke Handgelenk über das rechte. Verschränke die Finger und klappe die Arme nach oben um, bis vor die Brust. Schließe dann deine Augen und drücke beim Einatmen deine Zunge an den Gaumen. Laß beim Ausatmen die Zunge sich wieder entspannen.

Teil 2: Stelle deine Füße wieder nebeneinander, bringe die Fingerspitzen beider Hände zusammen und atme eine Minute lang tief durch.

Musik- und Buchempfehlungen

CD's

Kitaro „Ki" (Kitaro)
Spiritual Healing (Sandelan)
Reiki-Hände (Sayama)
Yin Tao (Sayama)
Kyorei (Sayama)
Die Harmonie der vier Jahreszeiten, CD Frühling (Sayama)
Die Harmonie der vier Jahreszeiten, CD Winter (Sayama)
Cascade (Terry Oldfield)
In the presence of light (Terry Oldfield)
Resonance (Terry Oldfield)

Best of Percussion (Guem et Zaka)
Besonders für „Schüttel dich" hervorragend geeignete Percussion-Music: (Trommeln) **... da geht die Post ab.** 7 völlig unterschiedliche Themen, brilliant interpretiert.
Zu beziehen über den Buchhandel oder über Lotus-Records, Salzburg (Österreich)

Bücher

Laßt die Kinderseele wachsen, David Caroll, Bauer Verlag
Mit Kindern meditieren, D. Rozman, Fischer Verlag
Jede Minute sinnvoll leben, M.-L. Stangl, ECON
Silva Mind Control, Jose Silva/Phillip Miele, Heyne Verlag
Mit der Silva Mind Methode zu mehr Entspannung und Lebensglück, Maria Sorel, Mosaik Verlag
Träumen auf der Mondschaukel, E. Müller, Kösel
Farb Therapie, Annie Wilson/Lilla Bek, Scherz Verlag

besonders bei „lern"schwierigen Kindern
Frei fliegen, Barbara Meister Vitale, Synchron Verlag
Die Sache mit dem **X**, Brain-Gym in der Schule, Claudia Meyenburg, VAK Verlag
EK für Kinder, Paul und Gail Dennison, VAK Verlag
NLP für Lehrer, Michael Grinder, VAK Verlag

Reizüberflutung – ein Thema, mit dem Eltern und Erzieher zunehmend konfrontiert sind. Selbst Familienleben und Freizeitgestaltung werden zum nervenaufreibenden Balanceakt.
Das Buch „Entspannte Kinder – fit fürs Leben" bereichert das Familien- und Privatleben. Die Kommunikation wird harmonischer. Positive, innere Bilder werden reaktiviert. Gehirn und Nervensystem registrieren diese als reale Situation und reagieren mit Entspannung …
Resultat: zufriedene, motivierte Kinder. Entspannte Kinder sind harmonischer und gesünder, ihre Leistungen verbessern sich erheblich, wie auch ich selbst täglich feststelle. Auch in Kindergärten, der Schule und Gruppenarbeit haben sich die Übungen bestens bewährt.

Kinder verstehen und unterstützen

Maria Montessori
Kinder richtig motivieren
Herausgegeben von Ingeborg Becker-Textor
Band 4749

Wie Sie Kindern die richtigen Impulse geben, damit dann alles wie von selbst geht, das zeigen diese Texte der großen Pädagogin.

Trish Magee
Das Geheimnis glücklicher Eltern
52 Tips, um eine glückliche Familie zu sein
Band 4732

Wunderbare praktische Weisheiten für den Familienalltag – Trish Magee macht Lust, das Positive zu entdecken.

Daniela Blickhan/Isolde Seidel
Mama, die Schule nervt mich!
Wie Eltern ihren Kindern und sich selbst mit NLP helfen können
Band 4719

Die Autorinnen zeigen, wie es möglich ist, die vorhandenen Ressourcen des Kindes zu entdecken und aktiv zu nutzen.

Gerlinde Unverzagt
Kinder, vertragt euch doch!
Warum Geschwister nicht nur friedlich sein können
Band 4712

Raushalten oder Einmischen – was ist richtig? Die Autorin entwickelt praktikable Leitlinien für den Umgang mit solchen Situationen.

Maria Montessori
Wie Lernen Freude macht
Kreativ mit Montessori-Materialien umgehen
Herausgegeben von Ingeborg Becker-Textor
Band 4707

Ein Buch mit vielen praktischen Tips: Für alle, die Kindern die Freude am Lernen spielerisch vermitteln wollen.

HERDER / SPEKTRUM

Hans Janssen
Kinder brauchen Klarheit
Wie Eltern Regeln finden und Grenzen setzen
Band 4699
Alltägliche und immer wiederkehrende Konflikte so lösen, daß keiner dabei zu kurz kommt. Ein hilfreiches Buch für ein harmonisches Familienleben.

Vicki Bennett
Die Traumschaukel
Wie Kinder mit Phantasiereisen ihre Ziele erreichen
Band 4693
Einfacher lernen: entspanntes und kreatives mentales Training für Kinder.

Marianne Scholl
Spaß beim Lernen
Bessere Konzentration mit Yoga und Kinesiologie
Band 4681
Einfache Bewegungen bringen das Denken und die Konzentration in Fluß. Damit macht das Lernen Spaß.

Renate Feuerlein
Du kannst es
Erfolgreich lernen mit Kinesiologie
Band 4680
Übungen und Geschichten zur Konzentration, zur Beruhigung, aber auch zur Aktivierung.

Norbert Gürtler/Doro Kammerer
Stillwerden und entspannen
Übungen und Vorlesegeschichten zum Autogenen Training für Kinder
Band 4671
Kinder brauchen in der Hektik ihrer Alltagswelt Ruhe und Gelassenheit. Diese Ruheübungen und Phantasiereisen vermitteln Kindern wie von selbst die Kraft der guten und mutigen Gedanken.

Irene Ehmke/Heidrun Schaller
Kinder stark machen gegen die Sucht
Der praktische Ratgeber für Eltern und Erziehende
Band 4538

Hinter jeder Sucht ist eine Sehnsucht. Hier gilt es vorbeugend anzusetzen und die Lücke, die das Kind über das Suchtmittel zu schließen versucht, sinnvoll zu ersetzen.

Daniela Blickhan
Nerv nicht so, Mama!
Wie Eltern sich und ihren Kindern mit NLP helfen können
Band 4535

Schwierige Kinder gibt es nicht! Es gibt jedoch schwierige Situationen. NLP hilft, die Kinder besser zu verstehen.

Christine Brasch
Der gute Ton für kleine Rüpel – und entnervte Eltern
Band 4458

Der tägliche Kampf um Bitte und Danke hat ein Ende: ganz konkrete und erprobte Hinweise zum Was und Wie des guten Benehmens.

Helga Glantschnig
Blume ist Kind von Wiese oder Deutsch ist meine neue Zunge
Mit einem Vorwort von Ernst Jandl
Band 4438

Überraschend, unverbraucht und voll von poetischem Witz sind die sprachlichen Bilder und Einsichten aus Kindermund.

Marianne Arlt
Welt, ich komme!
Der Pubertät 2. Teil
Tagebuch einer entnervten Mutter
Band 4411

In der 2. Hälfte der Pubertät geht es erst richtig los. Da hilft nur eins: Raus mit den Kids! Denn draußen pulst das wahre Leben, hart, aber gerecht.

Helga Hoff
Märchen geben Kindern Mut
Ein Buch zum Vorlesen, Malen, Spielen
Band 4385
Die kompetente Pädagogin lädt mit ihren Spielmärchen Kinder ein, der verunsichernden – weil für sie unverständlichen – Welt zu entkommen.

Sabine Bernau
Hilfen für den Zappelphilipp
Das Selbsthilfe-Elternbuch
Band 4368
Alle notwendigen Informationen zur Hyperaktivität. Erfahrungsberichte von Eltern und Tips zur Selbsthilfe.

Karin Dörner/Christiane Nebel/Alexander Redlich
Geschichten für gestreßte Kinder
Vorlesegeschichten zum Entspannen und Mutigwerden
Band 4362
Im Miterleben dieser Abenteuer- und Alltagsgeschichten lernen Kinder, wie sie sich entspannen und mutig an ihre Probleme herangehen können.

Roswitha Defersdorf
Ach, so geht das!
Wie Eltern Lernstörungen begegnen können
Band 4243
Damit die Lust am Lernen nicht zum Frust wird: Erprobte Hinweise, wie Eltern ihrem Kind helfen können, Lernblockaden abzubauen.

Rudolf Dreikurs/Loren Grey
Kinder lernen aus den Folgen
Wie man sich Schimpfen und Strafen sparen kann
Band 4055
Ein Erziehungsstil, der Kindern frühzeitig dazu verhilft, eigenständige Erfahrungen zu sammeln und mit Freiheit richtig umzugehen.